V&R

Hermann Staats

Feinfühlig arbeiten mit Kindern

Psychoanalytische Konzepte für die Praxis
in Kita und Grundschule

Mit 4 Abbildungen

Vandenhoeck & Ruprecht

Bibliografische Information der Deutschen Nationalbibliothek

Die Deutsche Nationalbibliothek verzeichnet diese Publikation in der Deutschen Nationalbibliografie; detaillierte bibliografische Daten sind im Internet über http://dnb.d-nb.de abrufbar.

ISBN 978-3-525-70167-6
ISBN 978-3-647-70167-7 (E-Book)

Umschlagabbildung: mickey120 – fotolia.com

© 2014, Vandenhoeck & Ruprecht GmbH & Co. KG, Göttingen /
Vandenhoeck & Ruprecht LLC, Bristol, CT, U.S.A.
www.v-r.de
Alle Rechte vorbehalten. Das Werk und seine Teile sind urheberrechtlich geschützt. Jede Verwertung in anderen als den gesetzlich zugelassenen Fällen bedarf der vorherigen schriftlichen Einwilligung des Verlages.
Printed in Germany.

Satz: SchwabScantechnik, Göttingen
Druck und Bindung: ⊕ Hubert & Co., Göttingen

Gedruckt auf alterungsbeständigem Papier.

Inhalt

Einführung 7

1. Feinfühligkeit: Überblick und etwas Verwirrung 9

2. Warum psychoanalytische Konzepte in der Pädagogik? 15

3. Unbewusste Beziehungen und eigenes Entscheiden 19

4. Konflikte und Strukturen 29
   4.1 Konflikte verstehen 29
   4.2 Mit Strukturen arbeiten 33
   4.3 Selbst- und Fremdwahrnehmung unterscheiden lernen 37
   4.4 Konflikt, Struktur und Lernentwicklung 40
   4.5 Dyadische Beziehungen und triadische Beziehungsmuster 45

5. Biografisches Verstehen oder biologisches Verständnis? 49

6. Entwicklungspsychologische Grundlagen 57
   6.1 Gefühle als Organisatoren von Entwicklung 58
   6.2 Die fünf Psychologien der Psychoanalyse im Überblick 61
   6.3 Regression – die Vergangenheit in der Gegenwart 79

7. Schmerz und Unlust vermeiden: Abwehr und Widerstand 83

8. Geschichten laden ein und gestalten Beziehungen 95
   8.1 Erzählungen, Geschichten, Narrative 95
   8.2 Übertragungen – Neues vor dem Hintergrund alter Erfahrungen 98
   8.3 Gegenübertragung 102

9. Regression und Spiel 109

10. Pädagogisches Handeln 115
10.1 Interesse, Neugier, Nicht-schon-Wissen 117
10.2 Präsenz und Akzeptanz 120
10.3 Wahrnehmen und Differenzieren von Gefühlen 123
10.4 Anerkennen, Grenzen setzen und antworten 127
10.5 Eigene Wünsche von Pädagogen: Abstinenz und Neutralität 130
10.6 Eingewöhnung 134
10.7 Abschiede, Trennungen und Übergänge 136

11. Beratung von Eltern und Familie 139
11.1 Vorgehen in einem ersten Beratungsgespräch 142
11.2 »Inszenierungen« – die innere Welt und ihre Wirkungen auf andere . 143
11.3 Wenn Beratung nicht ausreicht: Ziele und Risiken
     von Psychotherapien 146

Zitierte Literatur 151

Register 155

Einführung

Feinfühlig zu sein, sich auf einen anderen Menschen einzustellen, nicht genau zu wissen, wie und was der andere denkt und fühlt, sich aber dafür zu interessieren und ihn »im Sinn« zu haben, ist eine zentrale Kompetenz in der pädagogischen Arbeit. Sie hilft dabei, Beziehungen förderlich zu gestalten – eine Grundlage für emotionales und kognitives Lernen. Gerade kleinere Kinder, die nicht in klaren Worten ausdrücken können, was sie möchten und wie es ihnen gerade geht, sind auf feinfühliges Handeln der Menschen in ihrem Umfeld angewiesen.

Kinder lernen in Beziehungen zu Menschen, die ihnen wichtig sind. Sie tun dies von Geburt an auf unterschiedliche Art. Eltern und Pädagogen stellen sich auf die Individualität eines Kindes feinfühlig ein – es beginnt ein interaktioneller Austausch, zu dem beide Partner beitragen und der plastisch als ein gemeinsamer »Tanz« beschrieben werden kann. Beide Partner stimmen sich in diesem Tanz aus Bewegung, musikalisch anmutenden Lauten, Blicken und den mit ihnen verbundenen Affekten aufeinander ein und entwickeln sich.

Unser Wissen zum Einfluss von Feinfühligkeit auf die Entwicklung von Kindern stammt aus vielen Quellen. Untersuchungen zur Mutter-Kind-Interaktion, die Bindungstheorie, psychoanalytische Konzepte, Forschung zu Emotionen, entwicklungspsychologische und neurobiologische Ergebnisse weisen auf die hohe Bedeutung feinfühliger Interaktionen für die Entwicklung von Kindern hin. Vor allem zur Bedeutung gelingender Beziehungen in den ersten Lebensjahren hat sich hier ein reicher Wissensstand entwickelt, der sich auf pädagogische und therapeutische Konzepte auswirkt.

Zur Umsetzung dieses Wissens in eine frühpädagogische und pädagogische Praxis gibt es viele ermutigende Beispiele – und sehr viele anstehende Herausforderungen. Dieses Buch zeigt die Aufgaben, stellt Theorien zu ihrem Verstehen vor und verdeutlicht beides anhand vieler Beispiele aus der Praxis von Krippe, Kindergarten und Grundschule. Es ist entstanden in Vorlesungen und Seminaren an einem der ersten frühpädagogischen Studiengänge in Deutschland, in Praxisbegegnungen und Fortbildungen mit Erzieherinnen und Erziehern, Lehrerinnen und Lehrern und in Diskussionen mit wissenschaftlich arbeitenden Kolleginnen und Kollegen aus unterschiedlichen Forschungsfeldern. Wenn in diesem Buch im Interesse einer flüssigen Lesbarkeit nicht immer weibliche und männliche Form parallel benutzt werden, sind doch stets beide Geschlechter angesprochen.

Eine Ausbildung zur Frühpädagogin oder Grundschullehrerin vermittelt vielfältige Kompetenzen in der Wahrnehmung, dem Verstehen und dem pädagogischen Handeln mit Kindern. Die Fähigkeit, Beziehungen zu Kindern gut zu gestalten, steht als eine die Fachdisziplinen verbindende pädagogische Kompetenz an zentraler Stelle. Sie wird in diesem Buch aus einer entwicklungspsychologischen und psychoanalytischen Perspektive dargestellt. Ziel ist es, ein Verstehen der subjektiven inneren Welt von Kindern zu erweitern. In der Praxis der Arbeit in Krippe, Kindergarten, Schule und Hort zeigt sich dies an einem starkes Interesse am Verstehen des Kindes, einer möglichst offenen Wahrnehmung des Kindes in seinen aktuellen Beziehungen (auch der zum Pädagogen), in Wissen um bewusste und nicht bewusste Wünsche und Regulationsmechanismen von Kindern, Respekt vor der Autonomie des Kindes und einer hohen Aufmerksamkeit für Momente individuellen Unglücks und Glücks mit den sich daraus ergebenden Entwicklungs- und Reifungsmöglichkeiten.

Auf die Praxis von Krippe, Kindergarten und Grundschule wird in diesem Buch aus vielfältigen Perspektiven eingegangen. Einige Herausforderungen des pädagogischen Alltags kommen wiederholt vor. Sie werden dann unter verschiedenen Aspekten und mit unterschiedlichen Theorien angesehen. So können die einzelnen Kapitel auch je für sich gelesen werden.

Viele Menschen haben zum Entstehen dieses Buches beigetragen, nur einige können hier genannt werden. Studierenden des Studiengangs *Bildung und Erziehung in der Kindheit* an der Fachhochschule Potsdam verdanke ich einen großen Teil der Praxisbeispiele und viele Anmerkungen, die in den Text eingegangen sind. Ihre Diskussionen über Theorien und erlebte Praxis in Seminaren und ihre Offenheit, professionelle Erlebnisse auch vor den Hintergrund persönlicher Erfahrungen zu betrachten, haben mich begeistert und angeregt. Stellvertretend für Studierende mehrerer Jahrgänge muss hier Juliane Dressler genannt werden, die den diesem Buch zugrunde liegenden Reader mit kritischen Fragen und klugen Vorschlägen bereichert hat.

Als eine von vielen Kolleginnen und Kollegen, mit denen ich zu Themen dieses Buches zusammengearbeitet und diskutiert habe, möchte ich Christiane Ludwig-Körner hervorheben. Sie hat unermüdlich und in vielfältigen Zusammenhängen auf Feinfühligkeit in elterlichen, pädagogischen und therapeutischen Interaktionen hingewiesen. Etwas von den offenen Diskussionen bei der Entstehung dieses Buches und den engen Verbindungen zwischen Praxiserfahrungen und Theorie hoffe ich den Leserinnen und Lesern dieses Buches weiterzugeben.

Potsdam und Göttingen   Hermann Staats

1. Feinfühligkeit: Überblick und etwas Verwirrung

Ist es möglich, Feinfühligkeit im Umgang mit Kindern zu lehren oder zu fördern? Manche erfahrene Pädagoginnen und Pädagogen antworten hier mit einem entschiedenen »Nein«: Da sei nicht viel zu fördern. Feinfühligkeit sei einem Menschen in die Wiege gelegt – oder zumindest in den ersten Monaten und Jahren dort mehr oder weniger gut entwickelt worden. Wenn wir daher feinfühlige Pädagoginnen und Pädagogen – oder feinfühlige Therapeutinnen und Therapeuten – wollen, müssen wir sie vor allem gut auswählen. Und tatsächlich gibt es aktuelle Befunde, die diese Position unterstützen.

Sarina Rodrigues, eine amerikanische Neurobiologin, empfiehlt: Erhöhe deinen Oxytocin-Spiegel! *Oxytocin* ist ein natürliches, die Wehen anregendes Hormon. Es hat nicht nur eine Wirkung auf die Muskulatur der Gebärmutter, es wirkt auch auf das Gehirn. Dort verstärkt es die Bindung zum Kind – und unspezifisch auch Bindungen zu anderen Menschen. Es ist kein Zufall, dass viele Frauen Freundschaften entwickeln zu den Frauen, die mit ihnen geboren haben, mit denen sie um die Zeit der Geburt und der maximalen Ausschüttung von Oxytocin in einem Zimmer gelegen haben. Oxytocin erhöht auch die Fähigkeit, sich in andere Menschen einzufühlen, ihre Gefühle zu verstehen und ihnen gegenüber großzügig zu sein.

Sarina Rodrigues und andere haben zeigen können, dass es genetische Unterschiede zwischen den Menschen in Hinsicht auf die Empfindlichkeit für Oxytocin gibt – die Rezeptoren für Oxytocin sind individuell unterschiedlich. Ein Rezeptor besteht aus zwei Teilen. Je einer dieser Teile wird von der Mutter und vom Vater geerbt. Pädagoginnen und Pädagogen – und die Kinder, mit denen sie arbeiten – haben entweder einen wenig empfindlichen Rezeptor (Mutter wenig empfindlich und Vater wenig empfindlich, AA), einen für Oxytocin ziemlich empfindlichen Rezeptor (einer der Elternteile bringt einen empfindlichen, einer einen weniger empfindlichen Teil mit, GA oder AG) oder einen für Oxytocin sehr empfindlichen Rezeptor mit zwei empfindlichen Teilen (je einen von der Mutter und vom Vater, GG).

Ein interessanter Punkt dieser Unterscheidung ist folgender: Menschen mit GG-Rezeptoren sind im Durchschnitt deutlich einfühlsamer und widerstandsfähiger gegen Stress als Menschen mit AA- oder GA-Rezeptoren. Oxytocin schützt also vor Stress – Bindungen schützen vor Stress und seinen krank machenden Folgen. Hier haben wir einen Hinweis auf die biologische Vermittlung dieses Effekts (Rodrigues et al. 2009).

Für Feinfühligkeit und Stressresistenz – und das sind wichtige Kriterien für ein Arbeiten mit Kindern – gibt es also biologische Grundlagen und angeborene Unterschiede.

Um ein solches Ergebnis über Fachzeitschriften hinaus auch populärwisssenschaftlich bekannt zu machen, braucht es noch eine persönliche Anekdote, eine »Erzählung« (siehe Kapitel 8). Und die finden wir auch: Die Leiterin dieses Forschungsprojekts war selbst nicht in der Gruppe derer, die genetisch als feinfühlig bestimmt wurden. Sie betrachtet sich aber als feinfühlig – und weist darauf hin, dass auch die ersten Lebensjahre eines Kindes Einfluss auf die Feinfühligkeit und die Stressresistenz haben – eine ausreichend feinfühlige Bemutterung also.

Es scheint also so, als werde Feinfühligkeit – wie möglicherweise andere Persönlichkeitsvariablen auch – einem Menschen teilweise »in die Wiege gelegt« und zu einem weiteren Teil in den ersten Lebensjahren durch die wichtigen Betreuungspersonen vermittelt. Dieser Teil der Entwicklung von Feinfühligkeit ist uns am stärksten vertraut. Mary Ainsworth, eine wichtige Vertreterin der Bindungstheorie (siehe Kapitel 4 und 6), hat den Begriff der Feinfühligkeit vor allem als »mütterliche Feinfühligkeit« bekannt gemacht (z. B. Ainsworth 2003). Sie steht in einer psychoanalytischen Forschungstradititon, in der die feinfühlige Verschränkung von Mutter und ihrem kleinen Kind früh beobachtet und beschrieben wurde. Der Kinderarzt und Psychoanalytiker Winnicott beschrieb diese besondere feinfühlige Einstellung von Müttern gegenüber ihren kleinen Kindern 1952 humorvoll als eine Art »Krankheit«, von der sich die Mutter glücklicherweise mit dem Älterwerden ihres Kindes auch wieder erhole (Winnicott 1974). Daniel Stern prägte dazu den Begriff der »Mutterschaftskonstellation« – einer besonderen Einstellung der Mutter gegenüber ihrem Kind, die Feinfühligkeit fördert, und von der auch Väter kleiner Kinder betroffen sind. Feinfühlig werden bedeutet dann, als Bindungsperson Signale des Kindes richtig interpetieren zu lernen und prompt und angemessen auf sie zu reagieren. Aus evolutionsbiologischer Sicht beschreibt Sarah Blaffer Hrdy (2010) in ihrem Buch *Mütter und Andere,* wie notwendig für die kulturelle menschliche Entwicklung die Erweiterung »mütterlich« feinfühligen Verhaltens über die Beziehung zwischen biologischer Mutter und ihrem Kind hinaus gewesen ist. Sie spricht von stellvertretenden »Müttern« und Vätern, die für die Entwicklung eines Kindes notwendig sind. Einfühlungsvermögen und Empathie sind nicht auf den engen Bereich der Familie beschränkt. Als soziale Kompetenzen weisen sie viele Verbindungen zum Begriff der Feinfühligkeit auf, beziehen sich aber stärker auf andere Handlungs- und Forschungsfelder.

Die Grundlagen für eine Entwicklung feinfühliger Beziehungen in den ersten Lebensjahren eines Kindes werden in den folgenden Kapiteln ausführlicher aufgegriffen. Hier soll zunächst beschrieben werden, wie sich eine ausreichend feinfühlige Beziehung zwischen Eltern und Kind in der weiteren Entwicklung bemerkbar macht. In der Bindungstheorie und der Kinderbeobachtung wird als Folge ausreichend feinfühligen elterlichen Verhaltens die Entwicklung einer sicheren Bindungsbeziehung beschrieben und die Fähigkeit zu »mentalisieren« oder zu »triangulieren« (Kapitel 4 und 6).

Was ist damit gemeint? Mentalisierung ist die Fähigkeit, implizit und explizit eigene Handlungen und die anderer Menschen als sinnhaft auf der Basis von individuellen Wünschen, Bedürfnissen, Gefühlen und Überzeugungen zu verstehen – sich selbst »von außen« und andere aus deren Perspektive »von innen« zu sehen, damit »Missverstehen zu verstehen« und einen dritten, beiden verbundenen Standpunkt einzunehmen. Die Fähigkeit, gut mentalisieren zu können, wird mit Feinfühligkeit der Eltern in einen Zusammenhang gebracht.

Sir Peter Fonagy, der heute bekannteste und von der englischen Königin in den Adelsstand erhobene Bindungsforscher und Psychoanalytiker, beschreibt die Fähigkeit von Eltern, ihr Erleben in einer bestimmten Weise reflektieren zu können, als eine zentrale Ressource der Entwicklung von Kindern (z. B. Fonagy/Gergely/Jurist/Target 2002). Eine sichere Bindung (Kapitel 6) unterstützt Kinder dabei, diese Art der Reflexion angstfrei zu lernen. Innerhalb einer sicheren Bindung macht es Spaß, den anderen und sein Denken spielerisch und intensiv zu erkunden. Dieses Sicherheitsgefühl färbt die Umwelt eines Kindes so ein, dass es sich in Beziehung mit Mutter, Vater und Erzieherin aufmerksam betrachten kann. Eine sichere Bindung hilft beim Erwerben einer Triangulierungskompetenz, oder, wie Fonagy sagen würde, der Fähigkeit, über sich selbst in Beziehung zu anderen nachzudenken, zu »mentalisieren«. Diese Fähigkeit ist für die spätere Bewältigung von Konflikten von entscheidender Bedeutung. Sie wird idealtypisch bereits im ersten Lebensjahr durch die triadische Kompetenz von Eltern gefördert.

In Ein-Eltern-Familien werden bei der Förderung der Triangulierungsfähigkeit besondere Anforderungen an Mutter und Kind gestellt. Es braucht hier einen wichtigen Dritten, der zu Mutter und Kind eine Beziehung hat, so dass die Mutter sagen kann: »Ich würde dir das ja nicht erlauben, weil ich das zu gefährlich finde. Aber ich weiß, wenn Vater (oder Tante oder die Erzieherin aus der Kita) jetzt da wäre, die würde das erlauben. Also, Kind: ich bin einverstanden, Du darfst das machen. Sei vorsichtig!«

Triangulierungskompetenz und Mentalisierung bleiben in der Regel störanfällig. Die Fähigkeit, feinfühlig zu reagieren, ist kein feststehendes Persönlichkeitsmerkmal. Sie hängt von inneren emotionalen Zuständen und äußeren Faktoren ab (Kapitel 7) und kann verloren gehen. Ein Verlust eigentlich vorhandener Fähigkeiten – etwa in einem Streit – ist ein häufiges Phänomen. Kinder und Erwachsene sind dann darauf angewiesen, dass ihr Gegenüber diese Einschränkung feinfühlig wahrnimmt und in seinem Verhalten berücksichtigt. Für Psychotherapeuten stehen hier eigene entwicklungspsychologisch begründete Mehoden zur Verfügung, mit denen Triangulierung und Mentalisierung wieder gefördert werden können: die *Psychoanalytisch-interaktionelle Methode* PIM, die qua Konzept eine elterlich-entwicklungsfördernde Beziehung anbietet (Heigl-Evers/Heigl 1994, Staats 2009, Streeck/Leichsenring 2009), und die *Mentalisierungsgestützte Therapie MBT* (Bateman/Fonagy 2004, Bolm 2009). Einige dieser Konzepte sind im pädagogischen Bereich umgesetzt worden, zum Beispiel in den Erziehungsratgebern von Jesper Juul, Programmen zur Arbeit mit alleinerziehenden Eltern in Kitas (**PALME** – *Präventives Elterntraining für **alleinerziehende Mütter**, geleitet von ErzieherInnen*) oder zur Arbeit mit jugendlichen Straftätern *(DENKZEIT)*.

Für die Entwicklung in den ersten Lebensmonaten und Jahren wird zusammenfassend angenommen, dass biologische Grundlagen (die »richtigen« Rezeptoren), eine sichere Bindung, feinfühlige Eltern und eine mit Mutter und Vater gelingende Triangulation positive Merkmale für Feinfühligkeit sind – und dass sie sich gut auf die Beziehungsfähigkeit zu Kindern auswirkt. Ist also die anfängliche Aussage, Feinfühligkeit sei »in die Wiege gelegt oder doch dort in den ersten Monaten geprägt« so zu verstehen, dass Pädagoginnen und Pädagogen eine gute Kindheit haben sollten? Ist dieses Merkmal für eine Auswahl von zukünftigen Pädagoginnen und Pädagogen wichtig?

Glücklicherweise ist das nicht so determiniert. Untersuchungen an Psychotherapeuten zeigen, dass sich der eigene Bindungsstil wenig oder sehr unterschiedlich auf die therapeutischen Fähigkeiten auswirkt (z. B. Schauenburg u. a. 2005, 2010). Auch für Pädagoginnen und Pädagogen scheint sich eher die Fähigkeit, in der professionellen Arbeit mentalisieren zu können, auf ein feinfühliges Verhalten auszuwirken. Diese Fähigkeit kann gelernt und erarbeitet werden. Sie ist damit verbunden, sich einen Teil des bisher selbstverständlichen und nicht hinterfragten Wissen zu Beziehungen bewusst zu machen – und damit freier von dem eigenen früher Erlebten zu werden (Kapitel 5), zumindest im Bereich der professionellen Arbeit.

Spielt also das Lernen professioneller Kompetenzen im Leben, das Studium und die Ausbildung doch eine Rolle? Nutzt der Erwerb von Wissen, auch wenn wir sehen, dass Biologie und Mentalisierungsfähigkeit/Triangulierung so viel zur Feinfühligkeit beitragen? Auch zu dieser Frage sollen Forschungsergebnisse beschrieben werden.

»Die Ausbildung von Vorschullehrern hat anscheinend nur wenig Einfluss darauf, wie viel ihre Schützlinge lernen. ... Selbst wenn sich die Lehrer während des Studiums mit der frühkindlichen Entwicklung befasst hatten, änderte das nichts am Lernerfolg der Kinder.«

Diese kurze Notiz fasst eine Metaanalyse (Early u. a., 2007) zusammen, die Ergebnisse aus sieben verschiedenen Programmen zur Förderung von Kindern vor Eintritt in den Kindergarten sammelt, alle aus den USA. Die in die Analyse einbezogenen sieben Studien sind mit zusammen annähernd 7500 untersuchten Kindern umfangreich. Verglichen wurden die mathematischen und sprachlichen Leistungen der Kinder und die Qualität der Gruppenarbeit. Untersucht wurden Betreuerinnen ohne Abschluss, mit einem Fachschulabschluss und mit einem Hochschulabschluss als Bachelor oder Master – dieser allerdings unabhängig von der Art des Fachs.

Die Ergebnisse gaben keinen klaren Hinweis auf einen Zusammenhang zwischen der Ausbildung von Erzieherinnen und dem Lernerfolg der Kinder oder der Qualität des Lernens in der Gruppe. Zwei Studien zeigten, dass die Arbeitsatmosphäre und die Leistungen der Kinder besser waren, wenn die Erzieherinnen einen Bachelor- oder Masterabschluss hatten; eine Studie zeigte, dass gerade dann die Ergebnisse schlechter waren. Vier Studien zeigten keine Zusammenhänge. Der schnelle und vermutlich falsche Schluss könnte sein, dass es nicht viel ausmacht, was jemand gelernt hat. Kann »jeder« kleine Kinder betreuen?

Die Autoren kommen zu dem Schluss, ihr Ergebnis zeige etwas von der derzeitigen Realität des Arbeitsfeldes Frühpädagogik. Sie diskutieren die folgenden Überlegungen:
- Die Inhalte der Ausbildung von Frühpädagoginnen könnten unangemessen sein. Wird in der Ausbildung in den USA zu sehr auf die Fachdidaktik und zu wenig auf Kompetenzen in der Gestaltung von Beziehungen geachtet? Fehlen Seminare, in denen theoretisches Wissen mit eigenen Erfahrungen von Pädagoginnen und Pädagogen verknüpft wird?
- Die *Unterstützung der Pädagoginnen* könnte unzureichend sein. Feinfühligkeit von Eltern ist abhängig von der Unterstützung, die sie erfahren. Das wird auch bei Pädagoginnen so sein. Sie brauchen Unterstützung bei der Umsetzung dessen, was sie an der Hochschule und in der Ausbildung gelernt haben.

Zu den Auswirkungen eines Studiums der Frühpädagogik auf die Feinfühligkeit in Interaktionen mit Kindern gibt es Ergebnisse aus einer kleinen Studie, der Bachelorarbeit einer Frühpädagogin (Badock 2008). Sie verglich die Feinfühligkeit von Studierenden eines auf Feinfühligkeit Wert legenden Studiengangs *Bildung und*

Erziehung in der Kindheit an einer Fachhochschule mit der von Erzieherinnen in Ausbildung an einer Fachschule. Hat ein umfangreicheres Studium der kindlichen Entwicklung und der Bedeutung von Feinfühligkeit und Einfühlungsvermögen Auswirkungen auf die Feinfühligkeit der Studierenden?

Untersucht wurden zunächst die Selbstbeurteilungen der eigenen Feinfühligkeit: Hier beurteilten sich die Studierenden an der Fachhochschule als deutlich *weniger* feinfühlig als dies die Fachschülerinnen für sich taten. Umgekehrt war das Ergebnis der Beurteilung einer experimentellen Prüfungssituation von Feinfühligkeit durch Beobachter. In diesem Test zeigten sich die Studierenden feinfühliger als die Fachschülerinnen.

Zunehmendes Wissen über Feinfühligkeit scheint also zunächst selbstkritischer zu machen: Die Studierenden wissen oder haben ein Gespür für das, was sie nicht wissen oder was ihnen nicht gut gelingt. Das ist eine wichtige Grundlage für Feinfühligkeit in Interaktionen: nicht schon zu wissen, wie der andere denkt und fühlt oder wie etwas »richtig« ist, sondern »unsicher« sein zu können. Kann man Feinfühligkeit fördern durch ein Verstehen der Entwicklung des Kindes? Wissen um altersspezifische Fähigkeiten, Entwicklungsaufgaben und Konflikte hilft. Es öffnet die Augen für das, was wir zu dem Erleben eines individuellen Kind noch nicht wissen. Dieses Wissen kann aber erst dann gut für eine feine Einfühlung genutzt werden, wenn Erfahrungen mit dem eigenen Erleben als Kind dazu kommen, um Kinder aus deren Perspektive verstehen zu lernen. Hierzu gibt es spezifische Seminare, die kindliches Erleben erfahr- und spürbar machen (Paulina Kernberg u. a. 1975, Sarrar/Staats 2012). Wir sind uns nicht sicher, ob wir mit diesen Seminaren Feinfühligkeit tatsächlich fördern – oder ob es uns nur gelingt, die Feinfühligkeit von Teilnehmerinnen und Teilnehmern in einem professionellen Kontext möglichst gut zur Geltung zu bringen und dabei zu helfen, diese auch in belastenden Situationen aufrechtzuerhalten. Das ist schon viel.

Entwicklungspsychologisches implizites und explizites Wissen, eine im guten Sinne professionelle Haltung, die Fähigkeit zu mentalisieren, Unterstützung durch andere, die Abwesenheit von Angst: All dies fördert – über Oxytocin und andere Mechanismen – Feinfühligkeit. Es ist gut möglich, dass Ihnen beim Lesen dieses Buches eigene Erfahrungen aus der Praxis oder der eigenen Lebensgeschichte in den Sinn kommen. Für die Entwicklung von Feinfühligkeit ist das wünschenswert. Die Verbindung des theoretisch Gelernten mit einer Reflexion eigener Erfahrungen und der Praxis beim Lesen ist hilfreich – diskutieren Sie eigene Einfälle und Gedanken auch mit anderen und versuchen Sie, sich möglichst gute Bedingungen für ein feinfühliges und verstehendes Handeln zu schaffen.

2. Warum psychoanalytische Konzepte in der Pädagogik?

Warum sind Konzepte der psychoanalytisch orientierten Entwicklungspsychologie über den Bereich der Therapie und Beratung hinaus in der Pädagogik von Interesse? In beiden Gebieten gibt es Versuche, neutral und objektiv aus einer distanzierten Position heraus andere Menschen zu beschreiben und zu beurteilen. Zugleich besteht der Anspruch, empathisch deren Sichtweise nachzuvollziehen und zu verstehen. Die Kluft zwischen einem beschreibend kategorisierenden und bewertenden sowie einem verstehenden Ansatz durchzieht die pädagogische und sozialpädagogische Arbeit. Sie ist auch in Medizin und Psychotherapie von Bedeutung.

Psychoanalytische Konzepte – das Unbewusste, Konflikte und Strukturen, Übertragungen, Abwehrmechanismen, u. a. – tragen zu einem Überwinden dieser Kluft bei. Sie werden im Folgenden an Alltagsphänomenen und Beispielen aus der pädagogischen Praxis eingeführt und auf die besonderen Bedingungen dieser Arbeit bezogen. Die verschiedenen psychologischen Modelle, die in der Psychoanalyse verwendet werden – Triebtheorie, Ich-Psychologie, Objektbeziehungstheorie, Selbstpsychologie und Bindungstheorie – sollen ihre jeweiligen Vorzüge ins Spiel bringen können und zu einem Verständnis professioneller Beziehungen in der Pädagogik beitragen. Sie können dabei helfen, feinfühlig zu handeln – im pädagogischen Alltag und im Umgang mit »schwierigen« Kindern und Eltern, mit Ämtern, Therapeutinnen und Therapeuten.

»... vielleicht gelingt es im einfachen Gespräche« (Sigmund Freud, 1895)

Ein Mann wird auf einer Berghütte in den Alpen von einer jungen Frau angesprochen, die dort bedient. Sie hat im Gästebuch gelesen, dass es sich bei dem Besucher um einen Arzt handelt. Mit der Hoffnung, von ihm Hilfe zu bekommen, schildert sie ihm ihre Angst und deren körperliche Ausdrucksformen. Der junge Arzt, Sigmund Freud, spricht mit ihr. Detektivisch löst er ihren Fall und veröffentlicht die aus dieser Begegnung entstehende Fallgeschichte später unter dem Titel *Katharina*.

Die kurze Geschichte dieser Begegnung wird oft genutzt, um erste theoretische Grundlagen eines psychoanalytisch orientierten (kurz: »psychodynamischen«) Verstehens plastisch zu beschreiben:
- die Annahme von Kausalität in den Erzählungen eines Menschen;
- die Hypothese, dass aktuelle Verhaltensweisen und Symptome mit der Verarbeitung vergangener Erfahrungen zusammenhängen – wenn ein Mensch in seiner Kindheit keine feste Bezugsperson hatte, sondern stets in seinen Bindungswünschen enttäuscht wurde, wird er gefährdeter sein, auch im Erwachsenenalter unter Beziehungs- und Verlustängsten zu leiden;
- das Konzept des Unbewussten – eines Wissens, auf das Menschen nicht aktiv zugreifen können und das ihr Erleben und Verhalten beeinflusst;
- das Erleben von Widerstand gegen ein Erinnern schmerzhafter oder schambesetzter Erfahrungen. Ein Erzieher, der ungerecht ist, dies aber nicht wahrhaben will, wird sich unwohl fühlen und möglicherweise für andere unangenehm reagieren, wenn ihm Ungerechtigkeit vorgeworfen wird;
- die Unterscheidung von primärem und sekundärem »Krankheitsgewinn«. Der primäre Gewinn eines Symptoms besteht in dem Vermeiden schmerzhafter oder unlustvoller Erfahrungen; er ist in aller Regel nicht bewusst: Eine Erzieherin »übersieht« das Leid eines Kindes, das sie an eigene Erfahrungen erinnert. Dies ist aber in der Regel anstrengend. Der »sekundäre Krankheitsgewinn« eines Verhaltens besteht dagegen in den äußeren Vorteilen, die ein Mensch aus bestehenden Symptomen ziehen kann: etwa einem Zugewinn an Aufmerksamkeit und Beachtung durch andere oder der Möglichkeit, wegen beruflicher Überlastung und Erkrankung im Bett bleiben zu können oder eine Rente zu erhalten;
- die Idee, dass Menschen in einem »freien Assoziieren«, einem Erzählen ohne äußere Vorgaben, gerade das einfallen wird, was zur Aufklärung der sie aktuell beschäftigenden Situation notwendig ist. Diese Entdeckung ermöglicht gemeinsam mit dem Konzept des Unbewussten ein erstes Umgehen mit Widerstand; und – noch nicht explizit – mit Übertragungen und der Reinszenierung von Erfahrungen in therapeutisch wirksamen Begegnungen.

Als theoretische Grundlagen psychodynamischer (mit Konzepten der Psychoanalyse arbeitenden) Therapien sind diese Konzepte wiederholt überarbeitet und erweitert worden. Sie sind vielfach in das Allgemeinwissen eingegangen und nicht mehr auf therapeutisches Fachwissen beschränkt. Die Fallgeschichte *Katharina* hat neben ihrem didaktischen und literarischen Wert aber noch einen weiteren interessanten Aspekt – Freuds Hoffnung, »vielleicht gelingt es im einfachen Gespräche«. Einfaches Gespräch und therapeutische Intervention gehen hier ineinander über. Die große äußere Ähnlichkeit zwischen einem guten Gespräch und einer gelungenen beratenden, pädagogischen oder therapeutischen Intervention macht psychodynamisches Denken vielseitig und flexibel einsetzbar. Beratung, Therapie und Pädagogik unterscheiden sich in ihren Zielen und Vorgehensweisen. Sie alle teilen aber als wesentliches Merkmal eine reflektierte und konzeptuell begründete Umgehensweise mit dem Wort – und mit der Beziehung. So können sie voneinander lernen.

Die *Haltung* eines Pädagogen oder Therapeuten (die Art und Weise, wie er oder sie andere Menschen aus seiner professionellen Rolle heraus wahrnimmt, beurteilt und mit seinem Verhalten auf sie reagiert) spielt bei der Interaktion eine wichtige Rolle. Idealtypisch gehört zu dieser Haltung ein kognitives und emotionales Wissen um die Kraft unbewusster Verhaltensmuster; aus einem solchen Wissen folgt eine Toleranz gegenüber dem eigenen »Nichtwissen«, eine weniger schnelle Bewertung im Sinne eines Richtig oder Falsch und eine neugierige Suche nach den – ehemals oder noch immer – sinnvollen Elementen eines solchen Musters. Eine solche Haltung, bei der die Pädagogin es nicht schon (besser) weiß, sondern sich für den individuellen Menschen mit seiner Geschichte interessiert, hält die Arbeit interessant und befriedigend. Sie steht zugleich im Gegensatz zu einer nur beschreibenden, Abweichungen vom idealtypisch Normalen etwa nur unter Leistungs- oder Störungsgesichtspunkten klassifizierenden Sichtweise.

Beispiel

In der Weihnachtszeit übt eine Erzieherin mit den Kindern Lieder und Gedichte ein. Ilhan und Jusuf, Zwillinge und beide drei Jahre alt, sitzen mit den anderen Kindern im Kreis, singen jedoch nicht mit, sondern unterhalten sich angeregt auf Türkisch miteinander. Die Erzieherin reagiert wütend und schickt die beiden ohne große Vorwarnung in ein anderes Zimmer. Sie begründet ihr Verhalten einer Praktikantin gegenüber damit, dass die beiden ja nie mitmachen würden und nur stören wollten.

Die Praktikantin beobachtet die Situation in den folgenden Wochen und stellt fest, dass die Bemühungen der beiden Jungen häufig übergangen werden. So sitzen die beiden Jungen neben ihr und versuchen mitzusingen. Jusuf wird dabei von einem anderen Jungen geärgert und versucht sich zu wehren. Die Erzieherin sieht aber, dass Jusuf »stört«, setzt ihn weg von den anderen Kindern und bestraft ihn damit, dass er nicht mitsingen darf.

Im Erleben der Erzieherin stecken die beiden Jungen »immer unter einer Decke« und »wollen nie an Angeboten teilnehmen«. Sie gibt sich mit der Zuschreibung des Motivs »nicht wollen« zufrieden und überfordert damit die Kinder. Die Praktikantin vermutet, dass es den beiden noch schwerfällt mitzusingen, weil sie

Probleme haben, die deutsche Sprache zu verstehen. Innerhalb ihrer Familie sprechen sie nur Türkisch; sie sind daher auch im Kindergarten meist nur unter sich.

Beispiel

»Im Schwimmunterricht kam vor einigen Wochen eine Mutter zu mir und fragte mich, ob es denn immer so sei, dass ich mit den Kindern allein im Wasser bin und die Kinder keine Schwimmflügel tragen. Am Anfang wusste ich nicht so recht, was ich sagen sollte. So etwas hatte mich noch keine Mutter gefragt. Ich war kurz davor zu sagen, dass sie sich keine Sorgen machen muss und ihre Tochter hier gut aufgehoben sei, aber das tat ich nicht. Ich merkte, dass sie sehr ängstlich war und sich Sorgen machte. Genau das habe ich ihr dann auch gesagt. Ich erklärte ihr unser Konzept genauer und meinte, dass ich sie gut verstehen kann. Ich war überrascht, wie gut sie das Gesagte angenommen hat, und merkte, wie sich ihre Sorgen etwas verringerten.«

Frage
Wie können Sie vermeiden, ein Kind oder seine Eltern rasch in eine Kategorie einzuordnen wie beispielsweise »der stört eh immer, der ist unser Störenfried«?

3. Unbewusste Beziehungen und eigenes Entscheiden

> »Das Bewusstsein ist eine ganz kleine Funktionsinsel
> im riesigen Ozean des Unbewussten.« (Gerhard Roth, Hirnforscher)

Die Annahme, dass unbewusste Vorstellungen das Erleben und Verhalten eines Menschen bestimmen, ist vielfach und für ein großes Spektrum von Bereichen belegt. Das Bild eines Eisbergs, bei dem der sichtbare Teil dem bewussten, der große, unter Wassser liegende Teil dem unbewussten Erleben und Verhalten zugeordnet wird, hat sich durch aktuelle neurobiologische Befunde bestätigt. Dennoch erscheint eine solche Vorstellung den meisten Menschen zunächst wenig plausibel. Wir gehen davon aus, dass unsere Handlungen in der Regel auf mehr oder weniger vernünftigen Überlegungen beruhen, dass sie zielgerichtet und rational sind. Erst mit Nachdenken sind wir bereit, in bestimmten Bereichen unseres Lebens oder im Leben anderer Menschen unbewusste Motive zu akzeptieren. Verhalten und Erleben wirken dann zunächst irrational; aus einer Perspektive der Fremdbeobachtung, aus der heraus nicht bewusste Motive angenommen werden, wirkt das Verhalten dann wieder schlüssig. Die Annahme, selbst nicht »Herr im eigenen Haus« zu sein, hat etwas Kränkendes und vielleicht sogar Beängstigendes. Sie bleibt ein Stein des Anstoßes.

Beispiel
Herr P. möchte seine Bachelor-Arbeit schreiben. Nach dem mehrwöchig durchgeführten Experiment, auf das er sich bei seiner Arbeit beziehen möchte, beginnt er in einem Nebenjob zu arbeiten, der bald seine volle Zeit in Anspruch nimmt. Auf die Frage, warum er so viel arbeite, antwortet er, er brauche Geld, um sich sein Studium zu finanzieren. Nach einem Jahr arbeitet Herr P. immer noch »nebenbei«, statt sich seiner Bachelor-Arbeit zu widmen. Seine Freundin stellt ihn zur Rede, denn sie kann nicht verstehen, warum er die Arbeit immer weiter aufschiebt. Geld habe er in der Zwischenzeit mehr als genug verdient. In einem langen Gespräch finden sie gemeinsam heraus, dass er die Bachelor-Arbeit bis jetzt nicht zu Ende geschrieben hat, weil er Angst hat, keine Anstellung in dem gewünschten Berufsbereich zu bekommen. Nach diesem Gespräch sucht Herr P. das Gespräch mit einigen seiner Dozenten und nimmt die Arbeit an der Bachelor-Arbeit wieder auf.

Der jetzt bewussten Angst (»keine Arbeit zu bekommen« und den relativ sicheren Status als Student zu verlieren) kann er bewusst gegensteuern. Die Tatsache, dass er aus ihm damals nicht klaren (»bewussten«) Motiven seine Arbeit aufgeschoben hat – und dass ein Gegenüber aus der Außenperspektive dies zunächst erkennen musste – ist ihm ein wenig peinlich.

Die Idee eines Unbewussten ist zunächst in der Philosophie konzeptualisiert worden. Mit der Entwicklung der Hypnose als Mittel der Behandlung Kranker wurden unbewusste psychische Vorgänge beobachtbar und Objekt psychologischer und medizinischer Theorie.

Anfangs noch im Zusammenhang mit Störungsbildern wurde die Bedeutung unbewusster Prozesse bald im Alltagsleben gesunder Menschen deutlich. Provokativ formulieren einige Neurowissenschaftler heute, dass die Vorstellung eines auf freiem Willen beruhenden rationalen Handelns eine Illusion sei: Der Beginn eines Handlungsimpulses lässt sich im Gehirn als Veränderung eines elektrischen Potenzials beobachten, bevor er die Großhirnrinde erreicht und als aktives Wollen wahrgenommen wird. Eine Handlung wird, so zeigen diese Versuche und weitere Experimente, in Teilen des Gehirns eingeleitet, die einem bewusstem Denken nicht zugänglich sind. Sie wird dann nachträglich, schon »im Vollzug«, in der Großhirnrinde wahrgenommen und als »gewollt« kategorisiert.

Ist es also nur eine Illusion, sein Leben selbst mit freiem Willen bewusst gestalten zu können? Der größte Teil (Schätzungen gehen von 90 % aus) der Informationen, die wir aufnehmen, werden nicht bewusst und beeinflussen doch unser Erleben und Verhalten (Beispiel: Wir lernen die Regeln unserer Muttersprache nebenbei und unbewusst und setzen sie später richtig zur Verständigung ein – ohne dass wir komplexere Regeln der Grammatik erklären können). Freud verglich vor diesem Hintergrund das menschliche Bewusstsein mit einem im Wasser treibenden Eisberg. 10–20 % sind über Wasser, d. h. bewusst, und 80–90 % unter der Wasseroberfläche, also unbewusst (z. B. implizite Beziehungserfahrungen mit Wünschen, Ängsten und Konflikten).

Unser Bewusstsein und die Vorstellung, selbst Herr unserer Entschlüsse zu sein, erfasst also nur einen kleinen Teil unseres Lebens. Vermutlich dient die – aufwändige und fehleranfällige – bewusste Wahrnehmung von Prozessen, die unbewusst viel ungestörter ablaufen (deutlich z. B. beim Autofahren) einem verbesserten Lernen. Wir können Situationen in unserer Vorstellung durchspielen, ohne uns ihnen selbst auszusetzen. Auf diese Weise nehmen wir Einfluss auf unser Gehirn und auf Entscheidungen, die wir in Zukunft treffen werden. Bewusstsein scheint daher ein besonders geeignetes Instrument zu sein, um zu lernen und damit langfristig eine in Grenzen freie Entscheidung treffen zu können. Ein einfaches, aber eindrucksvolles Experiment zur Wirkung nicht bewusster Motive bieten so genannte »posthypnotische« Aufträge (durch eine entsprechende Suggestion wird nach Beendigung einer Hypnose durch ein bestimmtes Signal eine bestimmte Verhaltensweise ausgelöst).

Beispiel

Ein Professor der Psychiatrie demonstrierte im Hörsaal den Einfluss nicht bewusster Faktoren auf das Verhalten, indem er einen Studierenden in hypnotische Trance versetzte und ihm in der Hypnose einen Auftrag erteilte – bei einem Klopfen auf das Pult solle der Student die zum Hörsaal führende Tür öffnen. Er suggerierte weiterhin, dass sich der Studierende an den Auftrag nicht werde erinnern können. Nach Rücknahme der Hypnose berichtete der Studierende von dem angenehmen Gefühl der Wärme und Entspannung in der Trance. Er habe die Stimme des Dozenten gehört und alles verstanden. Mit dem plötzlichen Klopfen des Dozenten auf das Pult stand der Studierende dann – zögernd – auf, ging zur Tür und öffnete diese – eine ganz untypische Verhaltensweise in der Vorlesung. Der Dozent fragte den Studierenden, warum er die Tür geöffnet habe, und erhielt – etwas unsicher – die Antwort, dass die Luft im Raum »so schlecht« sei.

Der Studierende, mit dem das Experiment durchgeführt wurde, hatte recht. Zu diesem Zeitpunkt war die Luft im Hörsaal verbraucht. Für die anderen anwesenden Studierenden stellte sich die Situation aufgrund ihrer vorhergehenden Beobachtungen aber anders dar. Sie betrachteten das Verhalten als eindrucksvollen Beleg für den Einfluss unbewusster Motive auf das Verhalten – und für deren »Rationalisierung« aus dem Bedürfnis heraus, dem eigenen Handeln einen Sinn zu geben.

Zu der Vorstellung von einem »Unbewussten« haben Philosophie, Biologie und Sozialwissenschaften beigetragen. Die Bedeutung unbewusster Verhaltensmuster für das Erleben und Verhalten eines Menschen kann mit psychoanalytischen Konzepten genauer beschrieben werden. So wurden zuvor nicht erklärbare Phänomene wie »Fehlleistungen« (als Fehlleistung werden scheinbar zufällige und doch Sinn ergebende »Versehen« oder »Versprechen« bezeichnet) oder Symptome von Erkrankungen in einen erklärbaren Zusammenhang gestellt. Der »inneren Realität« eines Menschen wird damit eine höhere Bedeutung eingeräumt, als dies im Alltagsbewusstsein der Fall ist. Diese innere, psychische Realität bestimmt weitgehend, wie Wahrnehmungen interpretiert werden.

Beispiel

In einer Kita rangeln Kinder miteinander. Eine Erzieherin will sofort dazwischengehen, um die »Streiterei« zu beenden, während die andere lieber abwartend zuschaut, da sie den Eindruck hat, die Kinder messen ihre Kräfte in einer harmlosen Rangelei.

Solche individuell ganz unterschiedlichen Interpretationen einer Situation beeinflussen unser Verhalten in der Regel, ohne dass wir sie bewusst bedenken. An ihnen setzen psychodynamische Therapien an. Eine Reaktion (und Erleben und Verhalten allgemein) wird damit nicht nur als monokausal rational, sondern als »mehrfach determiniert« betrachtet. Sie hat in der Regel mehrere, einander auch wechselseitig beeinflussende Gründe und Ursachen.

Was gilt es zu beachten, wenn in der pädagogischen Arbeit Erzählungen auch als Ausdruck der inneren Welt von Kindern beachtet werden? Zunächst ist wieder zu betonen, dass die »äußere Realität« durch die Beschäftigung mit unbewussten Motiven der »inneren Welt« nicht in ihrer Bedeutung geschmälert wird. Die Einsicht in unbewusste Verhaltensdeterminanten und die Bedeutung der »inneren Welt« ist nicht Selbstzweck; sie dient dazu, Anforderungen der »äußeren Welt« freier, seiner eigenen Individualität »bewusster«, bewältigen zu können. Auf solche äußeren Aufgaben gerichtete Erzählungen zeigen natürlich einen stärkeren Bezug zur »äußeren Welt« und weniger unbewusste Verhaltensdeterminanten als »freie«, assoziative Erzählungen, wie sie in psychodynamischen Therapien gefördert werden. Von äußeren Anforderungen weitgehend »freie« Erzählungen zeigen die innere Welt eines Erzählers und damit auch unbewusste Erwartungen, Ängste und Motive besonders deutlich. Sie kommen z. B. unter vertrauten Freunden oder beim spielerischen »Herumalbern« vor. Auch diese »freien«, nicht bewussten Einfälle sind nicht wirklich »frei«. Sie unterliegen Gesetzmäßigkeiten, die sich in experimentellen Untersuchungen als statistische Wahrscheinlichkeiten bestimmen lassen. Dabei beeinflussen die äußeren Bedingungen der Erzählung (Wem wird erzählt? Wie ist die Beziehung des Erzählers zum Zuhörer?), wie stark sich unbewusste Aspekte der inneren Welt des Erzählers in den Narrativen bemerkbar machen.

Wie deutlich unser Verhalten durch nicht bewusst verarbeitete Wahrnehmungen beeinflusst wird, lässt sich auf vielen Gebieten zeigen – etwa beim Filmen des Affektausdrucks und der gegenseitigen Affektregulationen in Interaktionen. Sie zeigen deutlich, wie fein und hochwirksam Menschen ihr Gegenüber unterhalb der Schwelle bewusster Wahrnehmung beeinflussen. Hier ereignet sich Verhalten, über das weder der Erzähler noch der Zuhörer eine bewusste Kontrolle hat und das sich auf die Affekte und Interaktionen der Beteiligten auswirkt. So kann man in der Regel spüren, dass jemand Kummer oder Angst hat, auch wenn dieser es nicht sagt oder versucht, es zu verbergen. Neben einem Menschen mit Flugangst in einem Flugzeug zu sitzen, löst Angst aus – oder eine deutliche, unhöflich und aggressiv wirkende Abkehr vom Leiden des Mitmenschen. Diese bewusst nur wenig steuerbare Induktion von Gefühlen und Verhaltensmustern ist dann tragisch, wenn über eine solche Interaktion für die heutige Lebenssituation schlecht angepasste, »maladaptive«, aus früheren Zeiten vertraute Beziehungsmuster mit dem Gegenüber wieder hergestellt werden. Sie bestätigen dann die Befürchtungen eines Menschen und bekräftigen die damit verbundenen Erwartungen.

Beispiel

»Ich habe als Kind Kritik und harte Strafen bei ›Fehlern‹ erlebt. Jetzt erwarte ich auch von anderen Autoritätspersonen ungerechtfertigte Kritik. Wenn mir ein Fehler bei der Arbeit unterläuft, habe ich Angst, erwarte Bestrafung und bin über die erwartete unangemessen harte Strafe verärgert, ja wütend. Im Kontakt mit meinem ›ungerechten‹ Chef rechtfertige ich mich und gebe keinen Fehler zu; den Chef stecke ich mit meiner nicht geäußerten Wut an. Die dann tatsächlich wie erwartet folgende unangemessen harsche Kritik bestätigt mein implizites Beziehungswissen ›bei Fehlern werde ich bestraft‹. Kolleginnen und Kollegen kommen da besser weg – das ist so ungerecht!«

Beispiel

»Ich sitze mit Kindern vor dem Schlafraum und höre von Weitem, dass ein Kind weint und in unsere Richtung rennt. Hinter ihm kommen weitere Kinder. Eines ruft ›Hör auf! Lass sie in Ruhe!‹ Als sie bei uns ankommen, schubst das zweite Kind das erste Kind von hinten, woraufhin dieses hinfällt und anfängt zu weinen. Das zweite Kind rennt danach weg. Zurück bleiben das weinende Kind und ein älterer Junge. Durch den zuvor schon verursachten Lärm kommt eine Erzieherin herbei und tröstet das Kind. Sie schimpft gleichzeitig mit dem Jungen. Als ich den Sachverhalt erkläre, ist sie sichtlich erschrocken über ihr schnelles Urteil und sagt bedrückt: ›Ich hab wieder nur ihn gesehen.‹ Sie entschuldigt sich anschließend bei dem Jungen, dass sie ihn vorschnell verdächtigt hat.«

Beispiel

Tim (fünf Jahre alt) baut sich im Schlafraum aus Decken, Matten und Kissen eine Höhle. Einige Minuten später betritt eine Erzieherin den Raum und fordert den Jungen auf, die Höhle wieder abzubauen und aufzuräumen, da es gleich Mittagessen gebe und der Raum anschließend als Schlafraum genutzt werden müsse. Die Erzieherin verlässt daraufhin den Raum wieder. Tim beginnt mit dem Aufräumen und legt als erstes ein Kissen zurück in den Schrank. Kurz darauf kommt Lisa (4,5 Jahre) in den Raum und nimmt das gleiche Kissen wieder aus dem Schrank. Daraufhin rennt Tim zu Lisa, reißt ihr das Kissen aus der Hand und sagt: »Das habe ich gerade weggeräumt, weil wir aufräumen sollen.« Lisa versucht sich jedoch das Kissen zurückzuholen, reißt an dem Kissen und fällt dabei zu Boden. Sie fängt an zu weinen und die Erzieherin kommt zurück in den Raum. Sofort schaut sie Tim verärgert an und sagt mit lauter Stimme: »Was ist denn hier passiert, Tim, habe ich doch gewusst, dass das wieder mit dir und dem Aufräumen nicht klappt. Dann muss ich wohl mal wieder alles allein aufräumen, oder was?« Tim versucht sich zu rechtfertigen, die Erzieherin lässt ihn jedoch nicht zu Wort kommen und fordert ihn auf, gleich Mittagessen zu gehen. Bedrückt verlässt Tim das Zimmer und die Erzieherin räumt den Raum selbst auf.

Die Praktikantin erlebt etwas von Tims Gefühlen mit, sie schildert ein Erleben von Ohnmacht und Hilflosigkeit, aber auch Ärger und Wut auf die Erzieherin, die Tim zu Unrecht beschuldigte. Als sie der Erzieherin in einer ruhigeren Situation ihre Beobachtung erzählte, war diese überrascht und sagte, sie habe nicht damit gerechnet, dass Tim aufräumen würde, »weil er dies in der Vergangenheit nie getan« habe.

Kinder lernen in dieser Situation auch selbst, dass jemand »schuld« sein muss und für ein Misslingen ein *Sündenbock* gesucht werden kann.

> **Frage**
> Suchen Sie eigene Beispiele, in denen Sie Kindern einen »Stempel« aufgedrückt haben – und dann von einem diesem Bild nicht entsprechenden Verhalten überrascht waren. Was hat dazu beigetragen, dass Sie sich »überraschen« lassen konnten?

Die Reflexion des eigenen Verhaltens hat in Berufen, die viel Entscheidungsmöglichkeiten bieten, eine hohe Bedeutung. Vor allem in wenig ritualisierten Begegnungen nehmen Menschen in der Regel zunächst die ihnen aufgrund der inneren Welt ihres Gegenübers – unbewusst – zugewiesenen Rollen an. Dies geschieht auch in sozialen, pädagogischen und therapeutischen Arbeitsfeldern. Erst in einem zweiten Schritt, auf dem Weg nach Hause oder in der Teambesprechung oder Supervision wird das eigene Handeln (und eine unbewusste interpersonelle Verwicklung) reflektiert und dann bewusst. Gerade für Pädagogen ist durch die Rahmenbedingungen ihrer Arbeit häufig ein schnelles Reagieren gefordert und dadurch die Gefahr groß, die unglückliche, für die Bewältigung der aktuellen Situation nicht passende Erwartung aus zurückliegenden Beziehungserfahrungen zu bestätigen. Oft ist es hilfreich, solche Situationen in einer Supervision oder im Team anzusprechen, um Wege zu finden, Kindern feinfühlig unter Berücksichtigung ihrer Perspektive zu begegnen und sie nicht aufgrund eigener Erwartungen zu beurteilen.

In einer klassischen Anwendung der Psychoanalyse dient die Asymmetrie des Couchsettings (Patient liegt auf einer Couch, Therapeut sitzt außerhalb des Gesichtsfeldes des Patienten) dazu, diese interpersonelle Beeinflussung, das Hineingezogenwerden in solche interpersonellen Muster zu verlangsamen, es besser zu verstehen und in seinen Auswirkungen nutzbar zu machen – ganz vermeiden kann man es kaum.

In der pädagogischen Arbeit und Ausbildung ist es hilfreich, über Supervision andere Sichtweisen zu einer bestimmten Situation oder Beziehung zu erfahren und Sachverhalte aus verschiedenen Perspektiven zu betrachten.

Was genau ist »Supervision«? Als eine Art »Beratung für Berater« bedient sie sich psychotherapeutischer und gruppendynamischer Erkenntnisse und Methoden mit dem Ziel, berufliche Zusammenhänge und Verstrickungen zu erkennen. In der Supervision für die sozialen Berufe gibt es vor allem drei Schwerpunkte: die *Fallarbeit* (Selbstreflexion, um professionelle Beziehungen besser zu verstehen), die *Selbstreflexion* der Arbeitsteams (Entwicklung von Kooperation und Teamfähigkeit sowie Aufarbeitung teaminterner Konflikte) und die *Organisationsanalyse* (Untersuchung aller Vorgänge, die die Leistungsfähigkeit der jeweiligen Institution betreffen).

Auch bei Elterngesprächen spielt das Setting eine wichtige Rolle. Oft finden diese Gespräche im Gruppenraum des Kindes statt. Nicht selten müssen die Erwachsenen hierbei auf Kinderstühlen sitzen – sie werden dabei manchmal selbst wieder ein wenig zu Kindern (vor allem, wenn sie als Kinder in eben diesen Kindergarten gegangen sind). Das Gespräch wird dadurch geprägt. Ein anderer Raum, der die Eltern stärker in ihrer Rolle als »Erwachsene« anspricht, kann die Stimmung verändern und z. B. fördern, dass Eltern ihre Fähigkeiten und Ressourcen in die Kindergartenarbeit einbringen. Den Körper betreffende Veränderungen, »körperliche« Aspekte, wie die »Haltung« sind für das psychische Erleben einer Situation von großer Bedeutung. Das Unbewusste ist zunächst ein »körperliches« Unbewusstes. Subjektives Erleben ist – wieder mehr als im Alltag vorausgesetzt – von biologischen Faktoren beeinflusst.

> **Frage**
> Suchen Sie eigene Beispiele, in denen Sie je nach ihrem körperlichen Zustand (Müdigkeit, Hunger, Entspannung, …) in ihrem beruflichen oder privaten Beziehungen unterschiedlich reagieren.

Ein Modell, mit dem unterschiedliche Einflüsse auf das Erleben und Verhalten in einer einfachen, fast personifizierten Form dargestellt werden, ist das »Instanzenmodell« Freuds. Konzepte wie das *Ich* (mit bewussten und unbewussten Steuerungsfunktionen), das *Es* (mit den biologischen Grundlagen von Verhalten und Erleben, den daraus resultierenden Wünschen und Bedürfnissen oder »Trieben«) und das *Über-Ich* (mit verinnerlichten Anforderungen, Werten und Normen) sind Versuche, Erlebensbereiche zusammenfassend zu beschreiben. Diese Beschreibungen ermöglichen Kurzformulierungen typischer Konflikte. Der Begriff des »Triebes« als kontinuierliche Quelle konfliktauslösender Spannungen betont die Verbindung zum Körper. Er ist heute vielfach durch den anschaulicheren Begriff des »Wunsches« ersetzt. Wünsche beeinflussen unsere Handlungen, auch wenn wir dies nicht bewusst wahrnehmen. Wünsche können mehr oder weniger bewusst sein – ohne Anspruch auf Vollständigkeit seien hier Wünsche nach Bindung, Vertrautheit, Familiarität, nach Neuem, Aufregendem, Herausforderungen, nach Sexualität und nach dem Erwerb und der Verbesserung von Fähigkeiten (»Funktionslust«) genannt. Wünsche werden intrapsychisch mehr oder weniger bewusst verarbeitet – etwa als Aspekt der Persönlichkeit in Form der Gestaltung von Beziehungen zu anderen Menschen oder als Symptom und krankheitswertige Störung.

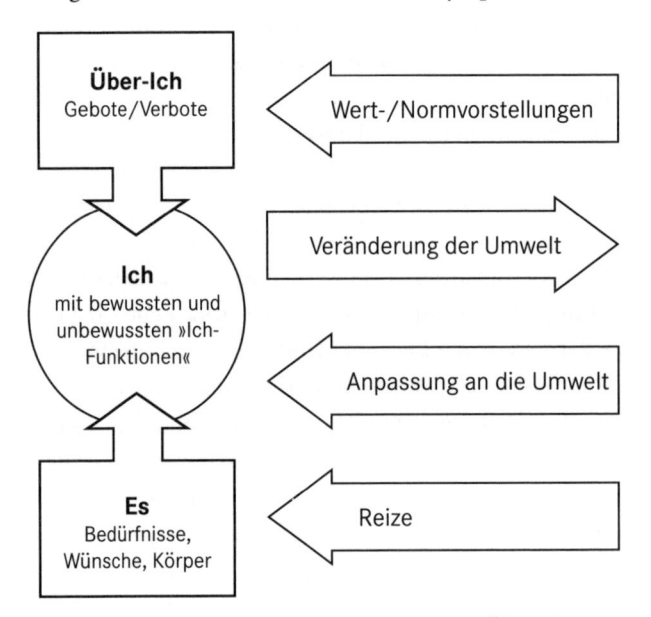

Abb. 1: Das Zusammenspiel von Umwelt, Ich, Es und Über-Ich

Das Ich ist somit beständig mit dem Ausgleichen von Konflikten zwischen Wünschen, moralischen und sozialen Anforderungen und der Bewältigung der äußeren Realität konfrontiert. Kapitel 7 geht ausführlicher auf diese Arbeit ein – sie ist für das Lernen von zentraler Bedeutung. Kann das Ich die Wünsche des Es und die Gebote des Über-Ich nicht miteinander und mit der äußeren Realität in

Einklang bringen, können sich Beziehungsstörungen oder Symptome entwickeln. Über längere Zeit gehen dann erworbene Fähigkeiten des Ich (»Ich-Funktionen«) verloren. Solche Funktionen des Ich sind z. B. Geduld, Feinfühligkeit, Toleranz gegenüber anderen Auffassungen, die Fähigkeit, zu mentalisieren und zu triangulieren (siehe Kapitel 4 und 6), oder die Auswirkungen des eigenen Handelns auf andere vorausschauend in Betracht zu ziehen.

Das Über-Ich entwickelt sich anfänglich vor allem durch die – auch vom Temperament des Kindes abhängige – Introjektion (»Hereinnahme in die innere Welt«) der elterlichen Verbote und Gebote. Kinder sind von Geburt an unterschiedlich. Ein und dasselbe elterliche Verhalten kann von einem Kind als zu bestimmend und dominant, von einem anderen als fürsorglich beschützend erlebt werden – Geschwister wachsen daher in subjektiv unterschiedlichen Familien auf. Das Über-Ich ist somit Ergebnis einer individuellen Verarbeitung von Identifikationen mit Vorbildern und Autoritäten. Es repräsentiert zugleich soziale Normen.

Die Annahme unbewusster Wünsche und Verarbeitungsmodi führt dazu, Verhalten und Erleben als durch unterschiedliche Faktoren bestimmt (»mehrfach determiniert«) zu sehen. Ergebnisse neurobiologischer Untersuchungen weisen darauf hin, dass wir noch weniger Herr im eigenen Haus sind, als es von der Psychoanalyse beschrieben worden ist – und dass dies in ähnlicher Form für Kranke und Gesunde gilt. Bewusstheit ist keinesfalls die Regel, sondern ein störanfälliger und energieaufwändiger Prozess. Allerdings: Bewusstheit ermöglicht gezieltes und geplantes Lernen!

Hier zeichnet sich ein Ausweg ab aus dem Widerspruch zwischen einer weitgehenden Determiniertheit von Verhalten (wie es aus neurobiologischer Sicht formuliert wird) und der Erfahrung, dass Einsicht in das eigene Verhalten Veränderungen bewirken kann. Unbewusste Muster und die mit ihnen verbundenen Konflikte können sich – am deutlichsten vielleicht in einer Beziehung zwischen Patient und Therapeut – wiederholt darstellen. Sie können dann in ihren interpersonellen Auswirkungen verstanden werden. Eine solche Einsicht wird dazu führen, dass bisher unbewusst und automatisiert ablaufende – und nicht gut an die Situation angepasste, unglückliche – Muster durch das Wissen um sie verzögert und langfristig verändert werden. Dass dies in der Regel kein schneller Prozess sein kann, wird durch neurobiologische Forschungsergebnisse bestätigt. Lernen bietet hier die Möglichkeit, sich wiederholende Muster zu verändern und Verantwortung für sie zu übernehmen. Aufgrund des großen Einflusses nicht bewusster Verhaltensdeterminanten kann dies immer nur partiell gelingen. Freiheit kann daher auch beinhalten, Einschränkungen der eigenen Autonomie zu erleben, in Rechnung zu stellen und als Teil der eigenen Identität zu akzeptieren – sie »anzunehmen«.

Frage
Kennen Sie eine Situation, in der Sie eigene gute Vorsätze wiederholt nicht haben umsetzen können? Haben Sie ein eigenes Erklärungsmodell entwickelt, warum Ihnen das nicht gelungen ist?

Können Sie ein Beispiel finden, wo Sie durch Ihr eigenes Verhalten wiederholt in Schwierigkeiten mit anderen Menschen geraten sind und Ihr Verhalten dann haben verändern können? Wie ist Ihnen das geglückt?

4. Konflikte und Strukturen

In diesem Abschnitt werden zunächst Konflikte, dann Strukturen in der Entwicklung von Kindern beschrieben. Dabei wird deutlich werden, dass die Begriffe *Konflikt* und *Struktur* nicht nur inhaltlich Unterschiedliches erfassen, sondern auch mit einer unterschiedlichen Wahrnehmungseinstellung und Haltung des Beschreibenden einhergehen. »Konflikt« und »Struktur« sind daher oft eng miteinander verbunden – es ist hilfreich, ein Verhalten unter beiden Gesichtspunkten verstehen zu können.

4.1 Konflikte verstehen

Neben dem Konzept des Unbewussten ist der Begriff des »Konflikts« zentral mit psychoanalytischen Theorien verbunden: »innere« und »unbewusste« Konflikte, »interpersonelle«, »neurotische«, »ödipale« Konflikte, »Autonomie-Abhängigkeits-Konflikte« – am Verstehen von Konflikten lassen sich große Teile der Theorie und Praxis psychoanalytischen Denkens und Handelns verdeutlichen.

Beispiel

Der Autonomie-Abhängigkeits-Konflikt (aus Astrid Lindgren: *Lotta zieht um*): Lotta ist vier Jahre alt. Schon am frühen Morgen hat sie schlechte Laune. Sie hat nicht gut geschlafen. Schlecht gelaunt und mit zerzausten Haaren schlurft sie die Treppe zur Küche hinunter.

Mama möchte, dass Lotta sich den dicken Pullover von Oma anzieht, doch Lotta ist damit ganz und gar nicht einverstanden: »Der kratzt ganz fürchterlich und ist doof!« Lottas Entschluss steht fest. Nie und nimmer wird sie diesen schrecklich kratzenden Pullover anziehen, da bleibt sie lieber in ihrem Zimmer und verzichtet auf ihren Lieblingskakao.

Voller Wut schneidet sie ein Loch in den Pullover. Auf Mama ist sie weiterhin ärgerlich und entscheidet sich, zur Nachbarin in deren Gartenhaus zu ziehen.

Lotta findet, sie sei doch nun schon groß und könne ganz für sich allein sorgen. Sie brauche Mama und Papa nicht. Lotta zieht auf den Dachboden von Tante Berg. Sie richtet sich ihr neues Heim gemütlich ein und ist mit ihrem Entschluss zufrieden. Mama und Papa sollen nur sehen, wie gut ihre kleine Lotta allein zurechtkommt.

Als sie abends allein in ihrem neuen Bett liegt, sehnt sie sich nach Mamas Gute-Nacht-Geschichte und dem abendlichen Kuscheln. Sie ist froh, als Papa ihr eine Brücke zur Rückkehr baut, indem er sagt, wie traurig Mama und er ohne sie seien. Lotta kann dann selbst entscheiden, in ihre Familie zurückzukehren. Sie entwickelt Autonomie und wird dabei weder von der Nachbarin noch von ihren Eltern »beschämt«.

Lotta befindet sich in einer Phase, in der sie sich erstmals aus der vertrauensvollen Beziehung zur Mutter löst. Sie strebt nach Autonomie und Unabhängigkeit, testet Grenzen aus und trotzt. Oft tritt nach einer Trotzreaktionen auch Ärger über sich selbst oder Scham auf, besonders dann, wenn das eigene Verhalten negative Folgen mit sich bringt oder ein Autonomieschritt nicht gelingt. Dem Wunsch nach Autonomie steht der nach Bindung gegenüber. Und auch die Einsicht in die äußere Realität einer existenziellen Abhängigkeit von den Eltern wird nur kurzzeitig ausgesetzt.

Beispiel

Ein 19 Monate alter Junge schlägt die Erzieherinnen, wenn sie ihm beim Windeln wechseln helfen. Er sagt in diesen Situationen »Alleine machen«, wird manchmal dabei auch sehr zornig, schreit und stampft mit beiden Beinen auf den Boden. In anderen Situationen, z. B. beim Einschlafen oder auch während des großen Morgenkreises, der jeden Dienstag in der Kita stattfindet, sucht er die Nähe der Erzieherin, die seine Eingewöhnung übernommen hat. Er will einerseits autonom und eigenständig sein, andererseits braucht er die Zuwendung und die Nähe einer Erzieherin. Hier ist es nicht immer einfach, »richtig« zu handeln – es erfordert Feinfühligkeit und Geduld, sich miteinander abzustimmen.

Beispiel

Als Leiterin einer Kindertagesstätte wird von Tina Meyer eine berufsbegleitende Weiterbildung verlangt. Das macht ihr auch Spaß – sie bräuchte aber mehr Zeit. Zugleich möchte Frau Meyer auch zu Hause für ihre eigenen Kinder, ihren Partner und für Freunde etwas Zeit behalten. Damit befindet sie sich in einem inneren Konflikt zwischen Wünschen danach, wie ihre – kinderlosen – Kolleginnen und Kollegen jederzeit frei über ihre Zeit für die Arbeit verfügen zu können, und Wünschen danach, in verlässlichen familiären Bindungen zu leben. Dieser innere Konflikt ist ihr täglicher Begleiter; er ist dauerhaft nicht »lösbar«, sondern verlangt jeden Tag aufs Neue einen Kompromiss. Das ist anstrengend. Beiden Seiten wird sie nie vollständig gerecht.

Nicht selten führt die Anstrengung des täglichen Abwägens innerhalb einer Partnerschaft zu einer Aufteilung der Positionen: Ihr Partner sagt nur noch: »Du musst auch zu Hause sein!«; Frau Meyer entgegnet nur noch: »Ich muss auch über die normale Zeit hinaus arbeiten können!« Jeder der beiden ist von der Richtigkeit der eigenen Auffassung emotional überzeugt und mit sich innerlich »im Reinen« – von einem nicht lösbaren inneren Konflikt entlastet. Stattdessen besteht ein interpersoneller, äußerer Konflikt, für den jeder den uneinsichtigen Partner verantwortlich macht. Das entlastet zunächst, führt aber langfristig zu noch mehr Anstrengung. Diese »Lösung« eines inneren Konflikts über Schuldzuweisungen an den Partner behindert eine gemeinsame Suche nach Bedingungen, unter denen der innere Konflikt besser bewältigt werden kann – etwa über die Einstellung einer Helferin, das Engagement für bessere Betreuungsmöglichkeiten für Kinder oder für familienfreundlichere Arbeitsbedingungen.

Schauen wir uns diesen Konflikt der Leiterin einer Kindertagesstätte noch einmal genauer an. In einer psychoanalytisch orientierten Beratung aufgrund dieses überwiegend bewussten Konflikts würde ein Berater zunächst darauf hinarbeiten, dass beide Partner »äußere« Konflikte wieder als Ausdruck eines inneren, nicht »lösbaren« Konflikts betrachten. Möglicherweise haben beide oder hat ein Partner gerade mit diesem inneren Konflikt zwischen Freiheit und Bindung aufgrund der eigenen Lebensgeschichte besondere Schwierigkeiten, die die Bewältigungsmöglichkeiten aktuell einschränken. Man könnte bei der Ehefrau auf die – unbewusste – Überzeugung stoßen, dass ihr Partner manche Dinge im Haushalt nicht wirklich in die Hand nehmen darf – eine familiär übernommene Ideologie, nach der die Verantwortung für Haus und Küche doch in der Hand der Frau bleiben muss und an den Partner allenfalls Aufgaben delegiert werden können. Es ist auch denkbar, dass – entgegen den bewussten Idealvorstellungen der Frau – ein Mann, der sich täglich um Kinder und Küche kümmert, nicht mehr erotisch attraktiv ist. Der Ehemann könnte darauf stoßen, dass er den Einfluss seiner Partnerin auf seinen Alltag als seine Autonomieerwartungen kränkend erlebt und es nur schwer hinnehmen mag, über sich bestimmen zu lassen. Erst mit der Kenntnis der subjektiven Wünsche und Bedürfnisse werden innere Konflikte klarer. Dann können die Bedingungen des Zusammenlebens so gestaltet werden, dass befriedigendere Kompromisse möglich werden.

Konflikte finden sich zwischen Wünschen und Anforderungen der Außenwelt (Instanzenmodell, Kapitel 3) und auch zwischen unterschiedlichen Anforderungen (z. B. »sei brav« und »werde selbstständig«) und Wünschen (»in festen und

sicheren Beziehungen leben« und »spontan und frei für mich entscheiden« wollen). Konflikte werden immer durch mindestens zwei einander widerstrebende Tendenzen hervorgerufen. Die damit verbundenen Spannungsgefühle bewirken häufig Angst. Eine Bewältigung solcher Ängste geschieht abhängig von der Umwelt auf unterschiedliche Weise – bei Erwachsenen wie auch bei Kindern. Ideal ist es, wenn eine Umgebung ausreichend schützend und sicher ist, um insbesondere Kindern eine lustvolle und erfolgreiche Bewältigung von Konflikten und Ängsten zu ermöglichen. Im Zusammenhang mit der Entwicklung von Krankheiten werden inhaltliche Konfliktmuster beschrieben (Arbeitskreis OPD, 1996). Diese Muster betreffen:
- Abhängigkeit versus Autonomie
- Unterwerfung versus Selbstkontrolle
- Versorgung versus Autarkie
- Selbstwertkonflikte (Selbst- versus Objektwert)
- Schuldkonflikte (egoistische versus prosoziale Tendenzen)
- Ödipal-sexuelle Konflikte

Konflikte gehören zum Alltag und begleiten Menschen durch ihr Leben. Sie können Entwicklungen in Gang setzen und fördern. Für die meisten Konflikte gibt es keine einfachen Lösungen – weder im Erleben von Kindern noch von Erwachsenen. Sie erfordern – im Laufe des Lebens auf unterschiedliche Weise – immer wieder aufs Neue eine aktive Bewältigung und Kompromisse mit der äußeren und inneren Realität.

Beispiel
In einer Kita werden verschiedene Instrumente eingeführt, mit denen Kinder in regelmäßigen Abständen beobachtet werden sollen. Ziel ist es, mögliche Defizite und besondere Begabungen der Kinder zu erkennen und dies für weitere pädagogische Maßnahmen zu nutzen. Die Leiterin der Kita verlangt von der Erzieherin – die 12 Kinder allein zu betreuen hat – täglich die Interessen der Kinder aufzugreifen, um passende Angebote zu entwickeln, jedes Kind einmal im Monat zu beobachten und zu dokumentieren, diverse Einschätzungsskalen angekreuzt und Gruppensoziogramme gemacht zu haben. Der Erzieherin bekommt für die Mehrarbeit keine zusätzliche Zeit eingeräumt. Die Erzieherin kommt mit Leib und Seele ihrem Beruf nach, weshalb ihr die Bedürfnisse der Kinder wichtiger sind. Sie versteht den Sinn, der hinter den Beobachtungsmaßnahmen steckt, kann aber den Rahmen nicht akzeptieren. Sie kann ihren Fokus nicht nur auf Beobachtungen entsprechend der Vorgaben richten und zugleich die Kinder vernachlässigen. Am liebsten würde sie sich nach wie vor nur um die Kinder kümmern, andererseits

ist ihr bewusst, dass sie ihre Anstellung verliert, wenn sie den Aufgaben gemäß Vorgabe nicht nachkommt. Beide Aspekte kann die Erzieherin nicht vereinbaren. Sie steht vor einem für sie nicht lösbaren äußeren und inneren Konflikt. Der Versuch, ausreichend für die Kinder da zu sein und gleichzeitig den Beobachtungsanforderungen nachzukommen setzt die Erzieherin unter Druck und lässt sie an ihre Grenzen stoßen. Sie ist gereizt und unausgeglichen – mit Kolleginnen und mit den ihr anvertrauten Kindern.

Ein Erfassen von inneren Konflikten erfordert als Grundhaltung ein empathisches Sich-Hineinversetzen in die Erzählungen eines Menschen. So kann »die Welt« probeweise mit den Augen eines anderen gesehen werden. Diese empathische Betrachtungsweise versucht, sich der Selbstwahrnehmung eines Menschen anzunähern und unterscheidet sich von der Position einer Fremdwahrnehmung – etwa der Beurteilung durch eine Lehrerin oder einen Lehrer.

4.2 Mit Strukturen arbeiten

Zum Konflikt gehört – als Gegenstück und Ergänzung – das Konzept der Struktur. Struktur beschreibt die wenig variablen Aspekte von Verhalten und Erleben, wie sie durch eine Fremdbeobachtung erfasst werden. Beobachter führen Verhalten weniger auf äußere Ereignisse zurück und berücksichtigen stärker Persönlichkeitsaspekte (»sie kommt immer zu spät, weil sie die Aufmerksamkeit genießt, die sie damit kriegt«). Aus einer solchen Perspektive beschreibt Struktur ein zeitlich überdauerndes, individuell ausgestaltetes Repertoire an inneren Bildern (»Repräsentanzen«) und Ich-Funktionen, mit dem intrapsychische und interpersonelle Prozesse reguliert werden. Struktur entsteht in Beziehungen. Sie wird »gelernt« in einem Wechselspiel von angeborenen Merkmalen (z. B. dem »Temperament« eines Kindes) und deren Aufnahme durch die Umwelt. Sie kann auf vielfältige Weise erfasst und differenziert werden. Zwei unterschiedliche Bedeutungen des Begriffs »Struktur« werden in pädagogischen und klinisch-psychotherapeutischen Zusammenhängen verwendet:
- *Ich-Struktur* kennzeichnet die Fähigkeiten eines Menschen, unterschiedliche Anforderungen integrieren zu können – innere Bedürfnisse, äußere Anforderungen und Erwartungen anderer. Ein hohes Niveau der Ich-Struktur geht einher mit gut ausgebildeten Ich-Funktionen (Affekt- und Impulskontrolle, Antizipation der Auswirkungen des eigenen Verhaltens auf andere, Frustrationstoleranz, …) und so genannten »reifen« Abwehrmechanismen wie Verdrängung und Rationalisierung; ein niedriges Niveau der Ich-Struktur geht

einher mit eingeschränkten Ich-Funktionen und Abwehrfunktionen wie Projektion, Spaltung, projektiver Identifikation (siehe Kapitel 7, S. 83).
- *Persönlichkeitsstruktur* (manchmal auch »Charakterstruktur« genannt) greift eine entwicklungspsychologische Dimension auf und beschreibt zusammenfassend Muster von Verhaltens- und Erlebensweisen, die sich aus der Art des Umgangs mit Beziehungen ableiten – in der medizinischen und psychologischen Diagnostik etwa psychotische, Borderline-, narzisstische, schizoide, depressive, zwanghafte, angstneurotische, phobische und hysterische Struktur. Jeder Mensch hat Aspekte dieser Verhaltensstrukturen. Auch wenn sie nach ihren deutlichen Ausprägungen, den »Störungsbildern«, genannt werden, sind sie nichts »Krankhaftes«. Erst wenn Verhaltensmuster in ihrer Intensität sehr ausgeprägt sind und soziale Interaktionen einschränken, spricht man von Persönlichkeitsstörungen.

Die beiden Begriffe von Struktur sind nicht leicht auseinanderzuhalten. Sie überlappen sich in manchen Bereichen und führen dann zu übereinstimmenden Kategorisierungen. So haben Menschen mit einer »Borderline-Persönlichkeitsstruktur« in der Regel ein niedriges Niveau der Ich-Struktur mit Projektion und Spaltung als dominierenden Abwehrmechanismen (Kapitel 7). Dennoch erfassen die beiden Kategoriensysteme auch relativ unabhängige Dimensionen; zwischen Menschen mit der Diagnose einer »Borderline-Persönlichkeitsstörung« lassen sich klare Unterschiede im Niveau der Ich-Funktionen (»Ich-Struktur«) beschreiben. Mit dieser Form der Beschreibung interpersonellen Verhaltens ist oft eine stigmatisierende Zuschreibung verbunden: »Du bist (als Einziger) schuld daran, dass wir nicht miteinander zurechtkommen«. Situative Aspekte (z. B. der Organisation des Lernens in einer Schule) oder ein nicht zu einem Kind passendes, unglückliches Verhalten eines Lehrers brauchen jetzt nicht mehr hinterfragt und geändert werden. Die Möglichkeit, zielgenauer helfen zu können, steht daher bei der Diagnose von Persönlichkeitsstrukturen und kindlichen Entwicklungsstörungen in einem Konflikt mit Schäden, die durch eine Zuschreibung von Verhaltensweisen oder gar die Stigmatisierung von Kindern und Eltern entstehen.

> **Frage**
> Wie beurteilen Sie die Zunahme der Diagnosen von Aufmerksamkeitsdefizit- und hyperkinetischen Störungen (ADHS) in Schulen vor dem Hintergrund von Stigmatisierungsproblem und Hilfsangeboten?

Die Frage nach Konflikt oder Struktur hat wichtige Konsequenzen. Ist eine Entwicklungsstörung oder Erkrankung zu verstehen als eine durch die aktuelle

Lebenssituation oder einen Konflikt hervorgerufene »Störung« oder durch die »Hemmung« eigentlich vorhandener Fähigkeiten? Oder handelt es sich um eine »strukturelle Störung«, bei der ein Mensch aufgrund ungünstiger Entwicklungsbedingungen und/oder biologischer Ursachen bestimmte Fähigkeiten nicht erwerben konnte oder wieder verloren hat? Diese Fragen scheinen von unmittelbarer Bedeutung für das pädagogische oder therapeutische Vorgehen und für die dem entsprechende Haltung: Kann man mit einem Menschen die Hintergründe einer Funktionshemmung erkunden und aus dem Weg räumen und ihn damit auch darin fordern, seine Fähigkeiten nicht verkümmern zu lassen? Oder ist es richtiger, vorhandene Defizite und Fähigkeiten genau zu diagnostizieren und dann dort zu trainieren und aufzubauen, wo Ressourcen vorhanden sind und dies möglich ist? Im Kindergarten könnte sich z. B. bei einem Kind, das stottert und sich deshalb stark zurückzieht, die Frage stellen, ob das Kind sich in einer momentanen Konfliktsituation befindet (»die Eltern lassen sich gerade scheiden«) oder ob das Kind etwa ein körperliches Defizit hat (»hat eine minimale Hirnschädigung«). Wenn beide Aspekte vorhanden sind, spielt ihre Gewichtung eine Rolle für das weitere Vorgehen. Eine falsche Einschätzung kann hier langfristig negative Folgen haben, da unterschiedliche Hilfen für eine gute Entwicklung notwendig sind.

Beispiel

Ein Junge, vier Jahre alt, nässt nachts wieder ein, nachdem er längere Zeit trocken war. Die Ursachen können unterschiedlich sein. Für Pädagogen stellt sich die Frage, ob der Junge momentan eine Konfliktsituation erlebt (z. B. Umzug in ein neues Umfeld), in der er vorübergehend schon erworbene Kompetenzen verliert (Regression) oder ob eine körperliche Ursache vorliegt (etwa der Reiz der vollen Blase nicht ausreicht, um den Jungen nachts zu wecken).

Beide Möglichkeiten können auch nebeneinander bestehen. Eine Schwäche der Wahrnehmung des Blasenreizes wird erst deutlich im Zusammenhang mit einem belastenden Lebensereignis.

Beispiel

Anna reagiert mit Jammern, wenn ein Wunsch, den sie ihrer Mutter entgegenbringt, von dieser nicht erfüllt wird. Die Mutter ist genervt von Annas Jammern und reagiert lange nicht. Auch Anna reagiert auf Wünsche ihrer Mutter nur langsam oder gar nicht. Nach längerem Jammern erfüllt die Mutter Annas Wünsche dann in der Regel doch, um wieder Ruhe in die schwierige Situation zu bringen. Anna nutzt das Verhalten – Jammern und sich »Querstellen« – um ihre Wünsche durchzusetzen. Was konfliktbedingt begonnen hat, kann möglicherweise zu einer Struktur werden.

Beispiel
Marie fühlt sich oft machtlos, wenn sie sich mit ihren Wünschen oder Vorschlägen bei den anderen Kindern nicht durchsetzen kann. Sie wirkt schnell beleidigt. Beim Spielen nimmt sie nun oft eine Außenseiterposition ein. Wenn ihre Eltern sie abholen, schüttet sie bei ihnen ihr Herz über das als unglücklich erlebte Alleinspielen aus und schildert die Situationen, bei denen die anderen Kinder nicht positiv auf ihre Ideen reagierten. Ihre Eltern zeigen Mitleid und Verständnis, spenden Trost. Sie sagen, dass sie sich daran gewöhnen müsse, dass andere nicht so wollen wie man selbst und dass man da nicht viel machen könne. Sie bieten ihr kaum Vorschläge, um die Situationen besser zu bewältigen oder andere für ein Mitspielen zu erreichen. Der Konflikt ihrer momentanen Außenseiterrolle wird nicht aktiv angegangen, z. B. in einem Elterngespräch mit der Erzieherin. Marie fühlt sich weiterhin ohnmächtig der Situation im Kindergarten ausgesetzt und – nur – von ihren Eltern liebevoll verstanden.

Frage
Gibt es Persönlichkeitsstörungen bereits bei Kindern und Jugendlichen? Welche Vor- und Nachteile hat es, wenn solche Diagnosen schon im Kindes- und Jugendalter gestellt werden?

In der Pädagogik, Beratungssituationen und Therapien wird sowohl mit dem Konzept der Struktur als auch mit dem Verstehen von Konflikten gearbeitet. Während eine Störung aufgrund eines Konflikts häufig in einer kürzeren Zeit bearbeitbar ist, setzt eine Behandlung struktureller Störungen längere Zeiträume voraus. Eine diagnostische Einordnung nach Struktur oder Konflikt ist nicht selten umstritten. Erfasst sie tatsächlich eine Differenz in der Sache? Oder ist sie eher abhängig von der Sichtweise des Diagnostikers oder dem Menschenbild des Pädagogen? Wie sind die Wechselwirkungen von Konflikt und Struktur? Gerade in den ersten Lebensjahren entstehen aus konflikthaften – äußeren – Beziehungen rasch innere Muster des Erlebens und Verhaltens: Struktur.

Im Folgenden
- werden Konflikt und Struktur zunächst mit Bezug auf die oben bereits angesprochene Differenz zwischen Selbst- und Fremdwahrnehmung als unterschiedliche Zugangswege zum Verstehen beschrieben.
- wird die Interaktion struktureller und konfliktbedingter Störungsanteile diskutiert.
- werden verallgemeinerbare Konsequenzen des Struktur- und Konfliktmodells genannt. Auswirkungen auf Interventionen sind ausführlicher im Teil »Päda-

gogisches Handeln« (Kapitel 9) dargestellt. In diesem Kapitel werden Grundlagen des entwicklungspsychologischen Übergangs von dyadischen (Mutter und Kind oder zwei Personen) auf triadische Muster der Konfliktbewältigung (Mutter, Kind und Vater oder Mutter, Kind und eine andere wichtige Person) im Rahmen des so genannten »Ödipuskomplex« bzw. der »Triangulierungsstörung« gezeigt.

4.3 Selbst- und Fremdwahrnehmung unterscheiden lernen

Die meisten Menschen führen ihre Entscheidungen auf äußere Umstände zurück. Bei der Betrachtung anderer dagegen bringen sie deren Entscheidungen mit Aspekten der Persönlichkeit in Verbindung: Selbst- und Fremdwahrnehmung erfassen hier Unterschiedliches. Der – beobachtende, fremde – Blick des Lehrers richtet sich eher auf die persönlichkeitsspezifischen Gründe einer Entscheidung (»Er ist eben faul und macht deswegen nie seine Hausaufgaben«), der eines Therapeuten auf krankheitsspezifische (»Die Eltern sind halt so anspruchsvoll«; »Herr Franz entscheidet sich so, weil er depressiv ist«). Eltern, Schüler und Patienten führen dagegen ihre Entscheidungen auf aktuelle Umstände ihrer Situation und damit einhergehende Konflikte zurück (»Ich mache das nicht, weil mir der Lehrer doch nicht glaubt«; »Ich werde an dieser Stelle nicht auch noch nachgeben«). Für sich selbst begründen auch Pädagogen und Therapeuten ihr Verhalten überwiegend und selbstverständlich mit situationsabhängigen Variablen.

Eine Bewältigung von Konflikten wird einfacher, wenn die Beteiligten sich beide Sichtweisen zu eigen machen können und zwischen ihnen wechseln. In dem Modell der Operationalisierten psychodynamischen Diagnostik ist die Wechselwirkung von Selbst- und Fremdwahrnehmung in einem Schema zusammengefasst. Risiken misslingender Interaktionen werden hier in Form eines sich selbst verstärkenden Teufelskreises verdeutlicht. Für pädagogisches Arbeiten sind die Gelegenheiten zu einem Aussteigen aus diesem Muster wichtig: Ein Verstehen der Perspektive des Kindes (»Verteidigung oder Schutz«) kann dazu führen, ein »schwieriges Beziehungsangebot« zu verstehen und dann als weniger schwierig aufzugreifen (Übergang von A nach B, Abb. 2 auf S. 38, links); damit fällt es leichter, die »unbewusst nahegelegte Antwort« zu reflektieren und zu verändern (Perspektive B). Und wiederum – erkennt die Pädagogin, dass ein Kind ihre Antwort als erneuten Angriff oder Enttäuschung erlebt, kann sie entsprechend reagieren, um Entschuldigung bitten oder die Enttäuschung benennen (Übergang von B nach A, Abb. 2 rechts).

Perspektive A: Erleben des Kindes	
Kind erlebt sich immer wieder so, dass es andere … (als Verteidigung oder Schutz erlebte Reaktion)	Kind erlebt andere immer wieder so, dass sie … (erlebter Angriff oder Enttäuschung)
Perspektive B: Erleben der Pädagogin	
Andere, auch die Pädagogin, erleben, dass das Kind immer wieder … (schwieriges Beziehungsangebot)	Andere, auch die Pädagogin, erleben sich gegenüber dem Kind immer wieder so, dass sie … (unbewusst nahegelegte Antwort)

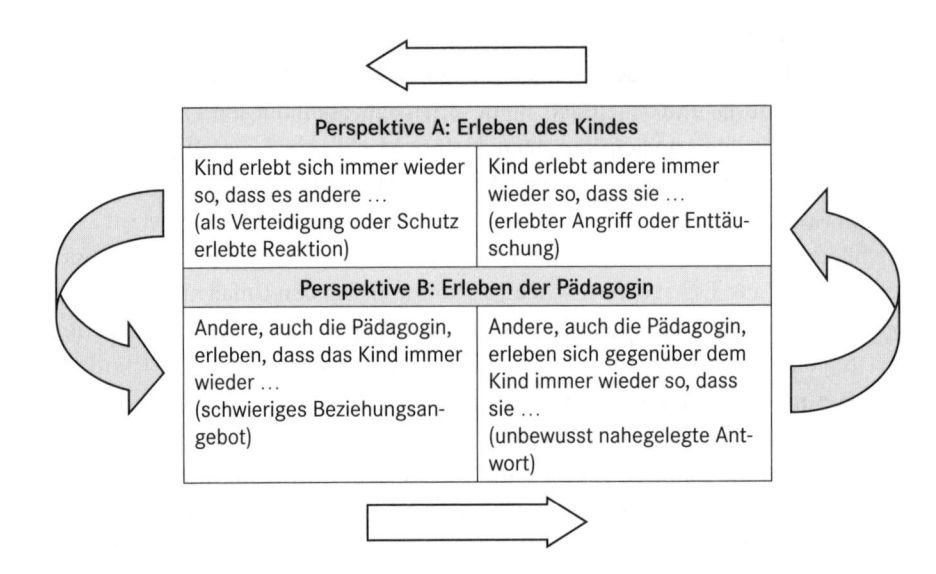

Abb. 2: Selbst- und Fremdwahrnehmungen, Konflikte und Strukturen in der Beziehung zwischen Pädagogin und Kind (modifiziert aus: Grande, 2007: Wie stellen sich Konflikt und Struktur in Beziehungen dar?)

Beispiel

Ole und Hannah (vier und drei Jahre alt) bauen gemeinsam mit Legosteinen einen Bahnhof. Kara fährt mit dem Puppenwagen durch den Raum und stolpert versehentlich über das »Kunstwerk«, welches zur Hälfte einstürzt. Daraufhin schreit Ole Kara wütend an und schubst sie so energisch, dass sie hinfällt und zu weinen anfängt. Die Erzieherin beobachtet die Situation und versucht herauszufinden, warum Ole sich Kara gegenüber so aggressiv verhält: »Warum hast du Kara so doll geschubst?« Er antwortet: »Weil sie böse war. Sie hat alles kaputt gemacht.«

Ole führt sein Verhalten auf aktuelle äußere Umstände zurück. Er erklärt aus seiner Sicht, welche Gründe ihn zum Schubsen und Schreien veranlasst haben (das »Bösesein« bzw. »Bahnhof zerstören« von Kara) Dies ist eine konfliktbezogene Sichtweise und entspricht Oles Selbstwahrnehmung. Die Erzieherin, die Ole aus anderen, ähnlichen Situationen kennt und dessen Persönlichkeit aufgrund ihrer Erfahrungen einschätzt, würde Oles Verhalten vermutlich zunächst auf Aspekte seines Charakters zurückführen. Ole neigt bei Irritationen zu aggressivem Verhalten, wird schnell ungehalten und wütend. Er schlägt und tritt Kinder, wenn er sich gestört oder bedroht fühlt. Dies ist die Fremdwahrnehmung der Erzieherin.

Beispiel

Fiete und Lasse (beide sieben Jahre alt) beginnen sich spielerisch zu necken. Sie kneifen, schubsen und boxen sich. Beide sehen dabei sehr aufgeweckt und zufrieden aus. Es hat den Anschein von einem kleinen Machtkampf. Die Situation ändert sich schlagartig, als Lasses Faust unachtsam in Fietes Gesicht landet. Mitten auf die Nase. Fiete beginnt sofort zu weinen, er krümmt sich vor Schmerz. Lasse steht wie versteinert da, rührt sich nicht. Er blickt um sich, sieht verängstigt und erschrocken aus. Es hat den Anschein, als könne er sich den Unfall nicht erklären.

Sofort ist Frau K., die Lehrerin, da. Sie nimmt Fiete in den Arm, versucht ihn zu trösten. Ein ernster und verärgerter Blick trifft Lasse. Dieser rührt sich nicht. Kann es nicht fassen. Er versucht sich mit leiser Stimme, stotternd, zu rechtfertigen: »Wir haben nur gespielt, ich wollte das nicht!« Noch immer sieht Frau K. ihn strafend an: »Es ist immer wieder dasselbe mit dir! Andauernd tust du anderen Kindern weh. Fiete ist so ein Lieber, der hat dir bestimmt nichts getan. Warum tust du das?« Wieder eine kleiner Versuch der Rechtfertigung: »Fiete hat mich auch gehauen, ich dachte, es macht ihm Spaß. Er hat die ganze Zeit gelacht.« Frau K. kann es nicht glauben. Sie bittet Lasse einen Entschuldigungsbrief zu schreiben.

Traurig und sehr ernst sitzt Lasse vor dem leeren Blatt Papier. Er weiß nicht, wofür er sich entschuldigen soll. Es war doch alles nur Spaß. Außerdem wollte er Fiete ganz bestimmt nicht wehtun, denn das ist sein bester Freund. Immer wieder redet Frau K. anspornend auf ihn ein: »Nun los, Lasse, sonst sitzt du noch in einer Stunde hier, wenn die anderen Kinder längst auf dem Schulhof spielen.« Ganz langsam beginnt er nun ein Feuerwehrauto zu malen. Es ist toll. Das Blatt rollt er zusammen, überreicht es mit einem traurigen Blick Fiete. Dieser strahlt, kann es nicht glauben

Frau K. bewertet die Situation aus ihrer Erfahrung heraus. Oft erlebt sie Lasse als draufgängerisch, unachtsam, forsch, teilweise sogar als aggressiv. Andere Kinder beschweren sich über ihn. Nicht selten ist er in Prügeleien verwickelt. Sie verbindet den Unfall also mit Aspekten seines Charakters (Fremdwahrnehmung).

Lasse selbst fühlt sich ungerecht behandelt. Er kann es nicht verstehen, warum immer er für alles verantwortlich gemacht wird. Der Unfall hat aus seiner Sicht nichts mit Aggression gegenüber Fiete zu tun, sondern war eine Folge spielerischer Unachtsamkeit (Selbstwahrnehmung).

Wenn sich solche Situationen wiederholen besteht die Gefahr, dass betroffene Kinder, die sich aufgrund der Reaktion anderer oft als schuldig und wertlos erleben, diese äußere Zuschreibung annehmen. Sie erleben sich dann auch selbst als »böse« – und bestätigen dies mit ihrem weiteren Verhalten. So ist es bei Konflikten hilfreich – und oft eine Herausforderung! – die Sichtweisen beider am Konflikt beteiligten Kinder einzuholen und sich deren Selbstwahrnehmung und die eigene Fremdwahrnehmung bewusst zu machen. Oft haben alle recht – und können zum Verstehen und Bewältigen der Situation etwas beitragen.

Der objektiv beobachtende Blick und der empathisch teilnehmende, die Perspektive der Erzählerin probeweise einnehmende Blick schließen sich gegenseitig aus und können nur nacheinander und im Wechsel eingenommen werden. Solche Wechsel müssen geübt werden, sie sind nicht selbstverständlich. Die Richtung der Aufmerksamkeit – eher beobachtend auf eine objektive Fremdbeurteilung gerichtet oder empathisch auf ein Verstehen der subjektiven Sicht des Erzählers – hat einen starken Einfluss auf das Bild des Gegenübers und die darauf folgenden Interventionen. Untersuchungen an Patienten und ihren Therapeuten zeigen, dass das Selbstbild eines Menschen und das Bild, das ein professionelles Gegenüber sich von ihm macht, einander nur wenig ähneln (beide können dabei etwas Zutreffendes erfassen, beschreiben aber unterschiedliche Aspekte). Dieses Auseinanderfallen der Einschätzungen gilt vermutlich in ähnlicher Form auch für Selbstbilder von Schülern und Beurteilungen der Schüler durch ihre Lehrer.

Die Differenz zwischen zwei Variablen, die mit ein und demselben Namen bezeichnet werden, verwirrt. In der Regel wird über den Unterschied zwischen Selbst- und Fremdbeschreibung hinweggegangen, so als erfassten sie ein und dasselbe. Andere Autoren unterscheiden die beiden Zugangswege und untersuchen sie getrennt. McClelland u. a. (1989) zeigten, dass Fremdbeurteilungen spontanes Verhalten über längere Zeiträume vorhersagen, während das, was der Handelnde selbst als Begründung für sein Verhalten angibt, ein besserer Prädiktor für direkte Reaktionen auf spezifische Testaufgaben darstellt. Aus Erzählungen, so genannten »Narrativen«, gewonnene Motive zeigen eine größere Validität darin, Langzeittrends im Verhalten des Erzählenden vorherzusagen, als Werte, die mit Fragebogen erfasst wurden. Die Art der Beobachtung entscheidet daher mit, ob ein Verhalten in Identifikation mit dem Erzähler als aktuell ausgelöst (»konfliktbedingt«) oder überwiegend als wenig variables Persönlichkeitsmerkmal (»Struktur«) aufgefasst wird.

4.4 Konflikt, Struktur und Lernentwicklung

Idealtypisch findet sich ein Oszillieren zwischen einer konfliktbezogenen Betrachtungsweise und einer Ausrichtung der Aufmerksamkeit auf das, was ein Kind kann oder noch nicht kann – also auf das emotionale Verstehen und auf die Dinge, die zu lernen sind. In der Entwicklung des Kindes kommt noch ein dritter Aspekt dazu – die altersgemäße Entwicklung der emotionalen und kognitiven Fähigkeiten (im Beispiel auf der vorangeganenen Seite: »Ole handelt so, weil er Konflikte noch nicht anders lösen kann«). Die Situation eines Kindes kann damit unter dem Gesichtspunkt eines Konflikts (»Ole ist ärgerlich, weil seine Bauten kaputt sind«), unter dem der Entwicklung seiner Kompetenzen und unter dem Gesichtspunkt seiner Persönlichkeit (»Struktur«) beschrieben werden, wobei jeweils verschiedene Aspekte besonders gut erfassbar werden.

Zu wissen, welche *Kompetenzen* ein Kind in welchem Alter besitzt und erwirbt, hilft, Schuldzuweisungen zu vermeiden. Nicht selten werden bei Kindern im Alter von wenigen Jahren Fähigkeiten vorausgesetzt und verlangt (etwa zur Antizipation der Folgen des eigenen Verhaltens auf andere und zur Steuerung des eigenen Verhaltens aufgrund von Einsicht), die auch Pädagogen nicht immer zur Verfügung stehen.

Beispiel
Ein Junge (ca. 1,5 Jahre) kneift ein anderes Kind. Die Pädagogin geht dazwischen und sagt zu dem Jungen: »Du weißt doch, dass das weh tut, soll ich das mal bei dir machen?«

Werden sowohl Konflikte als auch Kompetenzen und Einschränkungen aufgrund der Persönlichkeit eines Menschen aufmerksam beobachtet, zeigen sich meist rasch Verbindungen zwischen konfliktbedingter und »struktureller« Entstehung eines Verhaltens. Ein – ursprünglich – konfliktbedingtes Vermeiden von Verhalten führt mit der Zeit zu einem Verkümmern der entsprechenden Fähigkeiten: Nicht genutzte kognitive und emotionale Bewältigungsstrategien verkümmern ebenso wie nicht aktiv bewegte Muskeln. Zugleich werden die Bewältigungsstrategien, die sich bereits bewährt haben, vermehrt eingesetzt und damit verbundene Verarbeitungsweisen weiter gebahnt. Diese können kurzfristig erfolgreich, aber mittelfristig unglücklich und dysfunktional sein. Dann kommt es zu einer Interaktion struktureller und konfliktbedingter Störungsanteile, die sich im Sinne eines »Teufelskreises« wechselseitig verstärken. Diese Interaktion lässt sich gut mit neurobiologischen Konzepten zur Plastizität des Gehirns darstellen: Verbindungen zwischen Nervenzellen im Gehirn unterliegen einer beständigen erfahrungsabhängigen Umorganisation. Für das vorhergehende Beispiel bedeutet dies, dass die nicht genutzten kognitiven und emotionalen Bewältigungsstrategien aufgrund des Nichtgebrauchs »entknüpft« werden und sich zugleich neue Verbindungen verknüpfen, die die Informationen der bewährten Bewältigungsstrategien enthalten.

Beispiel

»Im Hort beobachte ich, wie eine Erzieherin Konfliktmoderation mit den Kindern betreibt und dabei zwischen ›konfliktbedingten‹ oder ›strukturbedingten‹ Konflikten unterscheidet. Bei Kindern, die wenig auffallen und in anderen Situationen über wirksame Konfliktstrategien verfügen, geht sie mehr auf die Entstehung des Streits ein als bei Kindern, die ein generelles Problem haben, ihre Aggressionen im Zaum zu halten. Da geht es dann nicht so sehr um den Konflikt an sich, den das Kind erst mal zum ›Klären‹ anführt, sondern um seine Verhaltensweisen und sein generelles Problem im Umgang mit Aggressionen.«

Frage

Wie wird sich die unterschiedliche Vorgehensweise bei den Kindern in Hinsicht auf die Entwicklung von Empathie- und Konfliktfähigkeit voraussichtlich auswirken?

Zusammenhänge zwischen der biologischen Entwicklung von Kompetenzen, damit einhergehenden äußeren, interpersonellen Konflikten und der Entwicklung von inneren Strukturen sind gut am Beispiel des Umgehens mit trotzenden Kindern zu verdeutlichen. Trotz tritt bei Kindern ab dem Alter von 16 bis 18 Monaten auf und nimmt mit zunehmender Handlungs- und Sprachkompetenz bei günstigen Beziehungserfahrungen wieder ab. Trotz erklärt sich aus dem Erwerb einer neuen Kompetenz – Kinder können sich vor Beginn ihrer Handlungen ein Ziel vorstellen. Sie sind ganz darauf eingestellt, ihre Kompetenzen zu erproben und dieses Ziel zu erreichen. Werden sie in ihrem Handeln gestoppt, führt dies zu Ohnmachtsgefühlen – nicht nur das Ziel ist nicht erreicht, sie sind auch unglücklich, etwas mit ihrem eigenen Handeln (noch) nicht selbst erreichen zu können. Oft werten Erwachsene die Verzweiflung des Kindes als einen *Wunsch nach Aufmerksamkeit,* dem sie gerade nicht entsprechen möchten – sie spüren die Autonomiewünsche des Kindes, erleben sie aber als eine Bedrohung ihrer eigenen Autonomie. Im Rückblick kann man als Pädagoge, Vater oder Mutter manchmal denken, nicht nur das Kind hat »getrotzt«, man selbst »trotzt« dann auch (mehr dazu in Kapitel 10.4).

Beispiel

»Marie-Luise ist etwa 2,5 Jahre alt und noch in der Krippengruppe der Einrichtung. In einer anderen Gruppe ist ihr älterer Bruder Oskar, den sie sehr mag und bei dem sie gern ist. Da die beiden jedoch in unterschiedlichen Gruppen sind, sehen sie sich recht selten. An einem Vormittag sind beide Gruppen gleichzeitig auf dem Hof und spielen. Die Krippenkinder müssen früher ins Haus, da es bei ihnen eher Mittagessen gibt. Als ich in den Flur komme, um den Kindern beim

Ausziehen zu helfen, sehe ich, wie Marie-Luise schreiend, weinend und um sich schlagend auf dem Boden liegt. Ich schaue die Erzieherin, die versucht Marie-Luise auszuziehen, fragend an. Die Erzieherin erklärt mir, dass Marie-Luise das öfter hat und auch zu Hause so rumbockt und dass wir sie einfach schreien lassen sollten, sie würde sich dann schon irgendwann wieder beruhigen. Sie versucht weiter, dem Mädchen die Jacke auszuziehen, nach einer Weile lässt sie sie einfach liegen. Ich schaue mir das Ganze einige Augenblicke lang an und bin hin- und hergerissen zwischen der Anweisung der Erzieherin und meinen eigenen Ansichten. Ich halte es jedoch nicht lange aus und denke an das, was ich im Studium gelernt habe. Ich setze mich zu dem Mädchen auf den Boden und rede beruhigend auf sie ein. Da ich ihr Problem in der Trennung von ihrem Bruder vermute, frage ich sie, ob sie traurig sei, dass sie nicht mehr bei ihrem Bruder sein kann. Ich sage ihr, dass ich verstehe, dass sie traurig ist, aber dass wir jetzt Essen gehen müssen. Sie scheint sich verstanden zu fühlen und beruhigt sich ein wenig. Ich frage sie, ob ich sie auf den Arm nehmen soll und sie bejaht. Auf meinem Arm beruhigt sie sich vollständig und lässt sich von mir trösten. Die Erzieherin schaut mich böse an und meint, dass ich sie jetzt ausziehen soll. Als ich damit fertig bin habe, reißt mir die Erzieherin das Mädchen aus der Hand und geht.«

Frage
Beschreiben Sie das Umgehen eines Vaters mit seinem zweijährigen trotzenden Kind aus der – vermuteten – Selbstwahrnehmung des Kindes, aus der des Vaters und aus der eines fremden Beobachters.

Das feinfühlige Sich-Einstellen auf ein Kind erfordert auch Wissen um altersspezifische Entwicklungsaufgaben und die damit verbundenen Konflikte. Pädagoginnen und Pädagogen erleben diese in den Interaktionen mit Kindern und – wenn sie sich darauf einlassen – in ihren eigenen Erleben. Auch Erwachsene werden trotzig und sind darin herausgefordert, Einschränkungen ihrer Autonomie – etwa dadurch, dass ein Kind nicht so will, wie man selbst – auszuhalten und zu bewältigen.

Das Verhalten von Kindern und Eltern ist eng aufeinander bezogen. Bindungswünsche, Trotz, das Lernbedürfnis der Latenzzeit und die ungestüme Aufbruchstimmung der Adoleszenz vermitteln sich den Eltern und lösen bei diesen eine Resonanz aus, in der ähnliche Wünsche deutlich werden, die auch das Verhalten der Erwachsenen beeinflussen. Kinder gestalten mit ihren Entwicklungsschritten Veränderungen der ganzen Familie, den Familienzyklus, mit. Je nachdem, welche Erfahrungen Eltern mit diesen Entwicklungsschritten selbst gemacht haben, empfinden sie einen solchen Einfluss als angenehm oder auch nicht. Die Bemerkung einer Mutter: »Ich bin immer heilfroh, wenn meine Kinder sprechen können, vorher weiß ich nicht viel mit ihnen anzufangen« kann im Zusammenhang mit unglücklichen Erfahrungen im eigenen ersten Lebensjahr stehen und mit geringeren Kompetenzen im impliziten Beziehungswissen zum Umgehen mit Kindern in diesem Alter.

Pädagoginnen und Pädagogen, die mit einer bestimmten Altersgruppe arbeiten, sind diesem Einfluss der Kinder ebenfalls ausgesetzt. Sie merken vielleicht, dass sie mit bestimmten Altersgruppen und den damit verbundenen Entwicklungsaufgaben besonders gut zurechtkommen und mit anderen nicht so gut – und richten sich darauf ein: »Ich kann nicht gut mit sehr kleinen Kindern arbeiten, mir liegt der Hortbereich viel mehr.«

Für die verschiedenen Entwicklungsphasen und die mit ihnen verbundenen Konflikte, Krisen und Lösungen hat Erik Erikson ein Modell entwickelt, das soziale Faktoren und Umwelteinflüsse mit der biologischen Entwicklung verbindet:

Alter	Konflikt, Krise	Angemessene Lösung, Struktur	Unangemessene Lösung, Struktur
0–1,5 Jahre	Vertrauen vs. Misstrauen	Stabiles (grundlegendes) Sicherheitsbewusstsein	Unsicherheit, Angst
1,5–3 Jahre	Autonomie vs. Scham und Selbstzweifel	Selbstwahrnehmung als Handelnde(r), als fähig zur Körperbeherrschung und als Verursacher von Geschehnissen	Zweifel an der eigenen Fähigkeit zur Kontrolle über Ereignisse
3–6 Jahre	Initiative vs. Schuldgefühl	Vertrauen auf eigene Initiative und Kreativität	Gefühl fehlenden Selbstwertes
6 Jahre – Pubertät	Kompetenzerwerb und Kompetenzgefühl vs. Minderwertigkeitsgefühle	Vertrauen auf angemessene grundlegende soziale und intellektuelle Fähigkeiten	Mangelndes Selbstvertrauen, Gefühl des Versagens
Jugend (Adoleszenz)	Identitätserleben vs. Rollen- und Identitätsdiffusion	Festes Vertrauen in die eigene Person	Wahrnehmung des Selbst als bruchstückhaft; schwankendes unsicheres Selbstbewusstsein
Junges Erwachsenenalter	Intimität und Distanzierung vs. Isolierung und Selbstgezogenheit	Fähigkeit zur Nähe und zur Bindung an jemand anderen	Gefühl der Einsamkeit, des Abgetrenntseins; Leugnung des Bedürfnisses nach Nähe

Mittleres Erwachse-nenalter	Generativität vs. Stagnation	Interesse an Familie, Gesellschaft, künftigen Generationen, das über unmittelbar persönliche Belange hinausgeht	Selbstbezogene Interessen; fehlende Orientierung an der Zukunft
Höheres Erwachse-nenalter	Ich-Integrität vs. Verzweiflung	Gefühl der Ganzheit, grundlegende Zufriedenheit mit dem Leben	Gefühl der Vergeblichkeit, Enttäuschung

Abb. 3: Entwicklungsphasen und soziale Faktoren (modifiziert nach: Zimbardo und Gerrig 1999, S. 460; Inhalte in Erikson 1988)

Frage
Führen Sie sich die körperliche und seelische Entwicklung von Kindern und Erwachsenen mit den sich neu ergebenden oder wieder schwindenden Kompetenzen vor Augen und versuchen Sie, diese in der Tabelle mit den angegebenen Konflikten und strukturellen Entwicklungen in Verbindung zu bringen.

Zu aktuellen Anwendungen des Modells von Erikson in der Pädagogik finden sich Beiträge bei Dörr/Göppel/Funder: Reifungsprozesse und Entwicklungsaufgaben im Lebenszyklus, 2011.

4.5 Dyadische Beziehungen und triadische Beziehungsmuster

Entwicklungspsychologisch und in Hinsicht auf Ich-Funktionen differenziert beschrieben ist die Unterscheidung zwischen »dyadischen« und »triadischen« Beziehungen und ihren Störungen (Dyade: Beziehung zwischen zwei Personen, Triade: Beziehungssystem zwischen drei Personen). Sie ist für das Lernen zentral. Häufig werden dyadische Beziehungsstörungen vereinfachend als »strukturell« und triadische als »konfliktbedingt« betrachtet. Diese Gleichsetzung hängt mit den unterschiedlichen therapeutischen Strategien zusammen, die bei dyadischen und triadischen Störungen indiziert sind und die auch für die Pädagogik Bedeutung haben. Die Einteilung »dyadisch – triadisch« hat unmittelbare Auswirkungen auf die Beziehungsgestaltung und auf die pädagogische oder therapeutische Vorgehensweise.

Um von dem Hinweis auf ein Verhalten oder von der Deutung eines Konflikts profitieren zu können, braucht ein Mensch die »triadische« Fähigkeit, sich mit der Wahrnehmung eines anderen probeweise zu identifizieren und mit dessen Augen auf die eigenen Beziehungen zu anderen Menschen zu sehen. Er kann auf diese Weise dessen Fremdwahrnehmung für die eigene Anpassung nutzen. Eine solche Leistung und ihre Entwicklung wird als Triangulierung bezeichnet. Sie erfordert die kognitive und emotionale Repräsentanz eines »Dritten« – eine Vorstellung davon, dass jemand sowohl dem Erzähler als auch Menschen, von denen er erzählt, neutral oder wohlwollend verbunden sein kann. Idealtypisch entwickelt sich diese Fähigkeit in den ersten vier bis fünf Lebensjahren. Kinder erleben sich in der Beziehung zum Vater anders als in der Beziehung zur Mutter. Sowohl Mutter als auch Vater haben eine dyadische Beziehung zu ihrem Kind; Kinder lernen, dass auch Mutter und Vater eine solche dyadische Beziehung miteinander haben, in der sie anders miteinander sind als in der Beziehung zu ihren Kindern.

Beispiel
Ein Vater beschreibt das Erleben des Kindes mit dessen Mutter – beiden liebevoll verbunden – z. B. mit einem »Ihr zwei seid ja heute eine verschworene Gemeinschaft«; die Mutter beschreibt das Erleben des Kindes mit seinem Vater z. B. als ein »Da hast du Papa ja gut um den Finger gewickelt«. Das Kind lernt, wie es in diesen unterschiedlichen Beziehungen unterschiedlich ist und sich doch dabei gleich bleibt. Ein Beobachten der Beziehung der Eltern, von der das Kind ausgeschlossen und dabei doch beiden liebevoll verbunden ist, fördert die eigene Fähigkeit, über sich selbst aus einer »dritten«, von der aktuellen Beziehung unabhängigeren Position aus nachdenken zu können. Die Beziehungen werden von dem Kind nicht nur erlebt, sondern in Verbindung mit den sie begleitenden Fantasien auch intrapsychisch abgebildet. Es entsteht eine innere trianguläre Beziehungsstruktur. Das Kind ist in der Lage, reale und beobachtbare Interaktionen auf der einen Seite und intrapsychische Repräsentationen von bedeutsamen Bezugspersonen und Beziehungen auf der anderen Seite zu unterscheiden. Das Erwerben dieser »Triangulierungsfunktion« ist ein wichtiger Teil der von Freud mit dem Drama des Ödipus beschriebenen Entwicklungsaufgabe.

Vorstufen dieser Fähigkeit lassen sich schon bei sehr kleinen Kindern in den ersten Lebensmonaten beobachten. Zur ›frühen‹ Triangulierung gehört auch der Umgang mit der von Margret Mahler beschriebenen »Wiederannäherungskrise« im Altern von etwa 18 Monaten. Hier wird sich das Kind seiner Getrenntheit von der Mutter bewusst. Es entwickelt Angst und den Wunsch, in den früheren Zustand stärkerer Ungetrenntheit zurückzugelangen. Das Kind befindet sich in einem Ambivalenzkonflikt zwischen Autonomiebestrebungen und regressiven Wünschen und den damit verbundenen Ängsten. Dem Vater kommt in dieser Situation eine wichtige Bedeutung zu. Er stellt sich als drittes Objekt außerhalb der Mutter-Kind-Dyade zur Verfügung. So ermöglicht er eine Ablösung von der Mutter und hilft dem Kind bei der Bewältigung seines Ambivalenzkonfliktes. Zugleich lebt er dem Kind ein Modell reifer Mehrpersonenbeziehungen vor. Wichtig ist, dass die Mutter das Handeln des Vaters nicht missbilligt und behindert, und dass der Vater eine Beziehung zu dem Kind eingeht, ohne es der Mutter entfremden zu wollen. Eltern, die dies können, sind intrapsychisch trianguliert und können dies auch bei ihrem Kind fördern.

Kinder – und auch manche erwachsene Menschen – haben diese »triangulierende« Funktion nicht ausreichend verinnerlicht zur Verfügung. Andere verlieren diese Kompetenz in emotionalen Konflikten. Beschreibt ein Gesprächspartner ihr eigenes Verhalten kritisch oder zeigt er Verständnis für eine Person, mit der Streit besteht (z. B. den Partner in einem Partnerschaftskonflikt), so sind dies für sie fremde oder feindliche Aktionen – sie zeigen, dass sich ihr Gegenüber nicht mit ihnen identifiziert, nicht auf ihrer Seite steht. Eine klare Unterscheidung, ob ein Mensch aufgrund seiner Struktur oder seines Alters in der Lage ist, aus Beschreibungen und einer Einsicht in sein Verhaltens Nutzen zu ziehen, ist für pädagogisches Handeln von entscheidender Bedeutung. Im Abschnitt 10.4 »Anerkennen, Grenzen setzen und antworten« wird auf die praktischen Möglichkeiten und die zugrunde liegenden Konzepte eingegangen, mit denen sich Pädagogen und Berater auf Menschen mit dyadischen Beziehungsmustern einstellen können.

5. Biografisches Verstehen oder biologisches Verständnis?

Eine 25-jährige Wissenschaftlerin, Frau A., sucht die Beratungsstelle einer Universität mit dem Wunsch auf, sich bei einer Entscheidung unter explizit neurobiologischen Gesichtspunkten beraten zu lassen. Sie formuliert ihr Anliegen mit der Frage, ob sie eine seit acht Jahren bestehende Medikation mit einem Antidepressivum absetzen solle – weil die »Auswirkungen einer so langen Medikation auf das Gehirn« nicht sicher abzuschätzen seien – oder ob ein solches Absetzen nicht so viel »Stress« mache, dass ihr Gehirn damit noch stärker als durch die weitere Einnahme des Medikamentes geschädigt würde.

Diese junge Frau benutzt neurobiologische Konzepte – statt etwa biografischer Erfahrungen – als Erklärungsmodell für ihre Probleme: Sie befürchtete, über eine vermehrte Ausschüttung von Stresshormonen ihr Gehirn zu schädigen und lokalisierte diese Schädigung besonders im Bereich des Hippocampus, einer Region, die für ein wissenschaftlich forschendes Arbeiten besonders wichtig ist. Diese Region ist eng mit dem so genannten *cool memory* verbunden: kognitiven Erinnerungen, für die die Spanne der Aufmerksamkeit beschränkt ist. Diese Erinnerungen können in der Regel situationsunabhängig frei wählbar abgerufen werden. Hierzu gehört z. B. das Wissen, was wir wann erlebt und getan haben, unser autobiografisches Gedächtnis.

Ihre depressiven Einbrüche führte Frau A. auf Fehlfunktionen im Bereich des so genannten *hot memory* zurück. Dieser Teil unseres Gedächtnisses ist eng mit der Arbeit der Mandelkerne verbunden, einer weiteren Hirnregion. Hier gespeicherte Erinnerungen sind aufmerksamkeitsunabhängig, umfassen viele Details und werden ohne kontextabhängigen Bezug gespeichert. Ein Abrufen von Erinnerungen erfolgt über spezifische Auslöser (Trigger), meist situationsunabhängig und ohne bewusste Kontrolle (z. B. einen Ort, ein Geräusch, ein Beziehungsmuster, das ein Erlebnis wieder in Erinnerung ruft).

Eine Therapie hätte für Frau A. bedeutet, Inhalte des *hot memory* in das *cool memory* zu übertragen – ihr Erleben bewusster zu erkennen. Damit verbunden schildert sie als Gewinn den Aufbau einer emotionalen Kontrolle von auslösenden Situationen, die Versprachlichung von Erleben und eine autobiografische Reintegration in die eigene Geschichte.

Nur wenige Menschen werden neurobiologisches Wissen so explizit in ihre subjektiven Krankheitstheorien und in ihre Vorstellungen zum Lernen und zu einer psychotherapeutischen Behandlung einarbeiten. Zunehmend häufiger aber beschreiben Patienten ihr Erleben mit Bildern und Konzepten aus dem Bereich der Neurowissenschaften. Diese Bilder haben die Qualität von Metaphern; die Erzähler verdeutlichen mit ihnen ihr Erleben und erleichtern somit ihrem Gegenüber das Einsteigen in ihre Erzählungen. Pädagogen und Therapeuten können diese Schilderungen jedoch nicht allein als Metaphern auffassen; es wird von ihnen verlangt, auf dieses Modell des Krankheitsverständnisses auch inhaltlich einzugehen.

Die von Frau A. gestellte Frage, ob sich eine Integration der eigenen Geschichte »lohne« angesichts der zu erwartenden Stressbelastungen für das Gehirn, kann zunächst befremden. Sie berührt für die Pädagogik zentrale Themen:
- die Verbindung zwischen Psychischem und Physischem, Seele und Körper;
- die Frage, ob ein erweitertes Verständnis des eigenen Verhaltens und der eigenen Geschichte einen Wert an sich darstellt, selbst wenn sich dies nicht unmittelbar in geringeren Beschwerden oder einem größeren »Glück« auswirkt, und
- die Frage, inwieweit entwicklungspsychologische Konzepte zur Konstruktion und Rekonstruktion von Sinnzusammenhängen mit klinischen Erfahrungen und Grundlagenwissen übereinstimmen.

Mit wachsendem Wissen um die bleibende Plastizität des Gehirns werden biologische Konzepte hilfreich, um Verbindungen zwischen Struktur und Konflikt und zwischen neurobiologischen und pädagogischen Zugangsweisen zu verdeutlichen. Emotionale Erfahrungen hinterlassen ihre Spuren im Gehirn und biologische Veränderungen beeinflussen die Verarbeitung neuer Erfahrungen. Genetische Untersuchungen an ein- und zweieiigen Zwillingen zeigen den deutlichen, oft unterschätzten Einfluss erbgenetischer Faktoren auf Verhaltens- und Erlebensweisen; zusammen mit einem besseren Verständnis für die Expression genetischer Informationen wird zugleich deutlich, dass ein solcher Einfluss probabilistisch (die Wahrscheinlichkeit eines Auftretens beeinflussend, aber nicht zwingend für den Einzelfall), für einzelne Personen sehr unterschiedlich einflussreich und von Faktoren der Umgebung abhängig ist. Biografische und biologische Störungsmodelle ergänzen sich hier.

Die Kluft zwischen »Körperlichem« und »Seelischem« wird leichter überbrückbar – hier wirken sich medizinische und biologische Ergebnisse über die Pädagogik und Psychotherapie hinaus auch auf die Philosophie und Religion aus. Dass Psychisches zugleich auch somatisch ist und Somatisches auch psychisch, hat praktische Konsequenzen für das Lernen, das Lehren und die pädagogische Haltung. Wissen um diesen Zusammenhang kann helfen, einen realistischen Optimismus zu behalten. Eine genetische Veranlagung bedeutet nicht zwangsläufig, dass sich vererbte Merkmale bemerkbar machen oder herausbilden. Sie können gefördert werden und dann das Leben mitbestimmen oder, ohne Förderung, bedeutungslos bleiben. Zugleich fordert die enge Verbindung von Seelischem und Körperlichem Respekt vor dem individuellen Erleben und Verhalten jedes Kindes und ein Eingehen auf seine auch biologisch vorgegebenen Stärken und Einschränkungen.

Auch für das »Sich-Einfühlen« in anderen Menschen geben neurobiologische Forschungsergebnisse praxisnahe Modelle. Am deutlichsten hat die Entdeckung der Spiegelneurone dazu beigetragen, menschliche Gehirne als »soziale Organe« zu verstehen: Beobachtet ein Mensch eine Handlung bei einem anderen, so werden im Gehirn des Beobachters ähnliche Hirnareale aktiviert wie bei demjenigen, der die Handlung tatsächlich durchführt. Wir erleben etwas von dem »am eigenen Leib« mit, was ein anderer tut. Einfühlung »geschieht uns«. Wie klar und genau wir dabei erfassen, was ein anderer erlebt, hängt von biologischen Voraussetzungen, Erfahrungen in den ersten Lebensjahren und dem ab, was wir erlernt haben. Wie wir andere Menschen verstehen, wird vor diesem Hintergrund weniger geheimnisvoll. Erklärens- und verstehenswert ist dann eher, wie es uns gelingt, Einfühlung abzuwehren, nicht bewusst werden zu lassen oder differenziert zu gestalten.

Viele entwicklungsorientierte Konzepte gehen implizit davon aus, dass es ein Anliegen von Menschen ist, ihre Geschichte zu erzählen. Über ein Erzählen der eigenen Geschichte(n) werden Beziehungen gestaltet. Es entsteht eine Hoffnung, mit der eigenen Geschichte verstanden zu werden. Dieses Bedürfnis ist verbunden mit dem Wunsch, unserem Leben einen Sinn, eine Bedeutung zu geben und darin von anderen bestätigt zu werden.

Beispiel

Eine junge Frau erzählt ihrer Freundin, dass es ihr nicht gut gehe. Sie sei traurig und können sich ihren Gefühlszustand nicht erklären. Die Freundin hört zu und fragt nach. So kommt die Erzählerin ins Nachdenken. Sie habe in den letzten Tagen viel erlebt und den Wunsch gehabt, einen anderen daran teilhaben zu lassen. Einigen Menschen habe sie von ihren Erlebnissen erzählt, sei aber das, was sie sagen wollte, nicht wirklich losgeworden – ein wirklich vertrautes Gegenüber habe sie nicht erreichen können.

Mit diesem Erleben von Sinn und der Bestätigung durch vertraute andere Personen wird Identität gesichert und entwickelt. »Es macht nur Spaß, Abenteuer zu erleben, wenn man nachher davon erzählen kann!« Dieses Bedürfnis, dem

Geschehen um uns herum einen Sinn zu geben, hilft uns beim Lernen. Es kann aber selbst Grundlage schwerer Störungen werden – besonders deutlich bei wahnhaften Erkrankungen, aber auch bei »körperlich« aussehenden Beschwerden ohne ausreichenden somatischen Befund, den »somatoformen« Störungen (z. B. Schmerzen oder Bewegungseinschränkungen).

Die Vorstellung, dass ein Verstehen der eigenen Verhaltens- und Erlebensweisen auf dem Hintergrund der eigenen Lebensgeschichte einen Wert an sich darstellt, beruht auf der Idee einer größeren Entscheidungsfreiheit, die sich aus diesem Wissen ableitet. Eine größere Entscheidungsfreiheit, die Möglichkeit, Erlebtes nicht wiederholen zu müssen, sondern reflektieren zu können, ist eines der übergreifenden Ziele der psychodynamischen Therapien. Aus einem selbstverständlichen und nicht bewussten »so ist die Welt« soll ein »so war sie; sie kann auch anders sein und werden« entstehen. Frau A. scheint an dieser Aufgabe zunächst nicht interessiert. Es ist für sie kein Ziel, sich mit der eigenen Lebensgeschichte auseinanderzusetzen. Pädagogen und Therapeuten, denen ein Arbeiten mit den individuellen Lebensgeschichten von Menschen vertraut ist, können auf eine solche Haltung mit Unverständnis oder Befremden reagieren.

Der Schriftsteller Gabriel García Márquez beschreibt seine Wertschätzung des Erinnerns der eigenen Biografie: »Nicht das, was wir gelebt haben, ist das Leben. Sondern das, was wir erinnern und wie wir es erinnern, um davon zu erzählen.« Er betont die Wichtigkeit, sich seiner Geschichte bewusst zu werden und sie erzählen zu können. Nicht bewusste Aspekte der eigenen Geschichte nehmen als Teil des impliziten, nicht bewussten Wissens, eines unreflektieren Erlebens von Beziehungen zu anderen Menschen, Einfluss auf das Verhalten. Im Zusammensein mit Kindern kommen wir dabei in Kontakt mit etwas von dem, was wir selbst in dem entsprechenden Alter erlebt haben – Kinder laden uns zur »Regression« ein. Viele Menschen genießen diesen Aspekt im Umgehen mit Kindern, sie werden wieder oder bleiben »jung« mit ihren Enkeln, Schülern oder Kindergartenkindern. Kapitel 9 *(Regression und Spiel)* beschreibt die lustvollen Seiten dieses Geschehens. Aber auch unglückliche Erfahrungen von Eltern und Pädagogen können die Beziehung zu einem Kind beeinflussen. Fraiberg (1975) hat von »Gespenstern im Kinderzimmer« gesprochen, wenn eigene Erfahrungen der Eltern als Kind und die damit verbundenen Ängste mit der Geburt eines eigenen Kindes wieder erscheinen und die Beziehung zum Neugeborenen gefährden. Ein bewusstes Wiedererleben und Erzählen kann diese Gespenster vertreiben und die Eltern von diesem »Spuk« befreien.

Eine größere Freiheit von zunächst unreflektiert übernommenen Erfahrungen kann in doppelter Weise einen Wert darstellen. Sie führt über neue Gestaltungsmöglichkeiten in Beziehungen zu einer Reduktion oder Auflösung von Symptomen und sie bietet mit der Einordnung von Symptomen in Sinnzusammenhänge und biografische Entwicklungen eine – den Tatsachen zunehmend näher kommende – »Rekonstruktion« der Lebens- und Krankheitsgeschichte. Eigene Verhaltensweisen durch Erzählungen zu erkennen, zu erinnern und nachzuvollziehen, kann dazu führen, Beziehungen besser und befriedigender zu gestalten.

Was aber, wenn es sich bei der Rekonstruktion von Sinnzusammenhängen nicht um eine Annäherung daran handelt, wie etwas gewesen ist, sondern um eine »konstruktivistische« Sinnstiftung, bei der es vor allem auf die Kohärenz (den in sich logischen, sinnstiftenden Zusammenhang) der sich entwickelnden Geschichte ankommt – nicht auf die Annäherung an eine mehr oder weniger objektive Wahrheit? An dieser Stelle verliert die Suche nach einer Sinngebung die Motivationsquelle einer Annäherung an die Wirklichkeit. Erzählungen über Interaktionen werden dann – zumindest auch – als unbewusster Ausdruck von Erwartungen und Wünschen an den Zuhörer verstanden. Ein Therapeut kann sich fragen und aufmerksam beobachten, warum ein Patient oder eine Patientin jetzt und gerade ihm eine bestimmte Geschichte erzählt (siehe Kapitel 8). Erzählungen werden dann – mit zunehmender Tiefe der Regression, in der gearbeitet wird – mehr und mehr als Abbild der inneren Welt von Patienten verstanden, nicht nur als Darstellung stattgefundener Ereignisse.

Diese Betrachtungsweise berücksichtigt das Bedürfnis eines Erzählers, dem Geschehen um ihn herum einen Sinn zu geben. Wenn etwas erzählt wird, erhält das, was dem Erzähler zugestoßen ist, einen Zusammenhang, den der Zuhörer nachvollziehen soll. Ein solcher Vorgang kann entgleisen – wenn etwa in einem Wahn zufälligen oder unterschiedlich determinierten Ereignissen fraglos ein bestimmter Sinn unterstellt wird. Dann bekommen zufällige Ereignisse eine auf die eigene Person bezogene Bedeutung: »Die Frau am Fenster aus dem Haus gegenüber beobachtet gezielt, was ich gerade tue.« Oft sind solche Sinngebungen mit der angstvollen Gewissheit verbunden, der andere wolle einem Schaden zufügen. Unser Bedürfnis, dem, was wir erleben, einen Sinn zu unterlegen, gibt dem Leben Bedeutung. Es hilft uns zu lernen. Unbegrenzt aber wird es zu einer krankhaften Störung.

In psychodynamischen Therapien wird darauf geachtet, wie Sinn konstruiert wird – wie sich Vorerfahrungen und die »innere Welt« eines Menschen in dem Erleben der Umwelt darstellen. Es ist eine offene Frage, ob bei diesem Versuch eine Annäherung daran gelingt, wie es einmal – wirklich – für den Erzähler gewesen ist (rekonstruktive Sichtweise; mit der gemeinsamen Arbeit nähert man sich der Wirklichkeit an): »Ich bin für Trennungen anfällig und muss solche Situationen sorgfältig handhaben; dies hängt damit zusammen, dass meine Mutter nach dem Tod meines Vaters depressiv war und ich mich in Situationen, die mich daran erinnern, hilflos und verlassen fühle, wie damals.« Diese therapeutische Haltung wird mit der des »Archäologen« verglichen. Manchmal geht es aber eher darum, mit dem Erzähler gemeinsam eine konsistente Geschichte zu konstruieren, mit der er in besserer Weise zurechtkommt. In einer konstruktivistischen Sichtweise würde dann aus einem »Ich bin ein Opfer meiner Eltern, die mich verlassen haben und kaum für mich da waren« vielleicht ein »Ich bin jemand, der Härten überstehen konnte«. Diese Haltung, die nach »Nützlichkeit und Funktion« statt nach »Wahrheit« fragt, wird mit der eines »Architekten« verglichen, der zum Bau einer »guten« Geschichte des eigenen Lebens beiträgt.

In der pädagogischen Praxis und auch in Psychotherapien kann die Frage nach einer *rekonstruktiven* oder *konstruktivistischen* Sinngebung oft über längere Zeit offen gehalten werden. Die wichtige Frage wird dann: Warum erzählt mir mein Gegenüber das jetzt? Was bedeutet das für unsere aktuelle Beziehung? Für eine psychotherapeutische Behandlung beschreibt Yalom (1998) in dem Roman *Die rote Couch* packend, wie eine Patientin davon profitiert, dass ihr Behandler den Aspekt der Beziehung zu ihm konsequent verfolgt – obgleich sie ihn mit einer erfundenen Krankheitsgeschichte aufsucht und mit dem Ziel, ihn als Therapeuten zu schädigen.

Wenn auch die Frage nach der äußeren Realität von Erzählungen oft nicht sofort entschieden zu werden braucht, bleibt sie doch eine Herausforderung – etwa bei der Unsicherheit, ob ein sexueller Missbrauch stattgefunden hat. Wieder kann neurobiologisches Wissen zur Speicherung und Überarbeitung von Erinnerungen dabei helfen, sich der Grenzen der Sicherheit des eigenen Wissens bewusst zu bleiben. Erinnerungen sind nicht statisch. Wenn wir etwas erinnern und davon erzählen, verändert dieser Prozess die Erinnerung.

Sie kennen vermutlich Kinder, die »Geschichten« erzählen – von neu geborenen Geschwistern, gekauften Häusern, Delfinen im Fluss – Geschichten, die häufig zunächst als Schilderung realer Begebenheiten wahrgenommen werden. Nicht immer sind diese Geschichten eindeutig als Fantasien oder als reale Begebenheiten erkennbar.

Beispiel

»Ein Kind erzählte mir immer wieder, dass es bald ein kleines Brüderchen bekommt. Als ich die Mutter nach einiger Zeit darauf ansprach, erzählte sie mir, dass ihr Kind sich seit einiger Zeit einen Bruder wünsche, sie aber nicht schwanger sei und kein zweites Kind wolle. Ich fand heraus, dass eine Freundin des Kindes vor kurzem Schwester geworden ist und seitdem der Wunsch nach einem eigenen Bruder bestand. Der Wunsch war so groß, dass das Kind es als real ansah, dass die Mutter schwanger ist.«

Beispiel

»Ein vierjähriges Mädchen erzählt mir ganz offen und sachlich direkt, dass ihr Papa die Mama schon öfter geschlagen hat. Ich war zuerst völlig vor den Kopf geschlagen und sprachlos. Meine intuitive Reaktion war die Frage, ob er sie auch schlagen würde. Daraufhin verneinte sie und meinte: ›Nein, bei mir macht er das nicht. Mit mir kuschelt er immer ganz viel und flicht mir Zöpfe.‹ Ich habe mich an eine Kollegin gewandt, die Kind und Eltern besser kannte. Sie sagte mir, dass sie um die Erzählungen wisse und ich mir keine Sorgen machen solle. Ich habe die Worte des Mädchens als reale Begebenheit gesehen.«

Beispiel

Beim Betrachten eines Aufklärungsbuchs sagt Marie: »Das macht Mama immer, wenn der Mann vom Bioladen kommt.« Rebecca ergänzt: »Das machen Mama und Papa immer in der Küche und dann blutet sie!«

Erzählungen wie die oben geschilderten stellen Pädagoginnen und Pädagogen vor anspruchsvolle Aufgaben. Ein feinfühliger Umgang ist hier oft damit verbunden, sich seiner anfänglichen Reaktion nicht zu sicher zu sein – Ungewissheit tolerieren zu können und offen zu bleiben. Zugleich stellen sich Fragen, ob und wie im Interesse des Kindes eingegriffen werden muss. Im zweiten Beispiel blieb die Erzieherin aufmerksam. Im dritten Beispiel suchte das Team Supervision, um zu einer guten, gemeinsam geteilten professionellen Haltung zu finden.

Frage

Wie gehe ich als Pädagogin mit Erzählungen von Kindern um? Wo sehe ich sie als Schilderung von realen Begebenheiten, wo als Ausdruck von Wünschen oder als Abbildungen der »inneren Welt« eines Kindes?

6. Entwicklungspsychologische Grundlagen

Zu diesem vielseitigen und umfangreichen Thema muss auf weiterführende Bücher verwiesen werden. Zahlreiche entwicklungspsychologische Lehrbücher beschreiben die körperliche und kognitive Entwicklung von Kindern. Aus Sicht einer psychoanalytisch orientierten Entwicklungspsychologie wird zusätzlich ein besonderes Gewicht auf die subjektive Wahrnehmung von Kindern gelegt, darauf, wie Kinder in den jeweiligen Entwicklungsphasen erleben und ihre Welt wahrnehmen, wie sich »die Welt« in unterschiedlichen Altersphasen aus ihrer Perspektive »anfühlt«. Körperliche, kognitive, emotionale, soziale und seelische Entwicklung beeinflussen sich gegenseitig und führen – idealerweise fein aufeinander abgestimmt – zu Wachstum in allen oben genannten Dimensionen. Michael Dornes beschreibt diese Zusammenhänge faszinierend und mit vielen Bezügen zu Beiträgen verwandter Wissenschaftsfelder (*Die Seele des Kindes,* 2006). Anwendungen entwicklungspsychologischen Denkens beim Begleiten, Unterstützen und Fördern von Kindern finden sich bei Fröhlich-Gildhoff (*Angewandte Entwicklungspsychologie der Kindheit,* 2013). Die Entwicklung von Bindungen und psychischer Sicherheit ist ausführlich von Grossmann/Grossmann (*Bindung und menschliche Entwicklung,* 2004, 2012) in einem Standardwerk dargestellt. Im Folgenden werden einzelne Entwicklungsstufen, die mit ihnen verbundenen Konflikte und die Veränderungen des Erlebens von Kindern in ihrer Entwicklung nicht ausführlich beschrieben (siehe Oerter/Montada, 2008 zur Entwicklungspsychologie über die Lebensspanne, Tyson/Tyson, 2012 zur Entwicklungspsychologie aus klassisch psychoanalytischer Sicht). Grundlagen der Entwicklungspsychologie, auf die eine verstehensorientierte Pädagogik nicht verzichten kann, sind aber zusammenfassend dargestellt.

6.1 Gefühle als Organisatoren von Entwicklung

Die »Unreife« des menschlichen Säuglings – medizinisch ausgedrückt, seine »physiologische Frühgeburt« – ist lange vor allem unter dem Gesichtspunkt eines Defizits gesehen worden. Ein neugeborenes Kind kann nicht viel allein – nicht laufen, nicht essen, nicht weit sehen, nicht »richtig« sprechen. Es ist existenziell auf die Beziehung zu anderen Menschen angewiesen, zuallererst zu seiner Mutter.

Diese Beziehung gestaltet ein Neugeborenes von Beginn an. Es gestaltet etwas, das wir als Spiel betrachten. Ein Spiel mit der Musik der Kommunikation, mit Rhythmus und Melodie, einem Sich-Einstimmen auf den anderen: ein Tanz. Muster werden gegenseitig erkannt, aufgenommen, in andere Modalitäten übersetzt – Melodie in Bewegung, Bewegung in Sprache. Wie bei zwei improvisierenden Musikern oder Tänzern entsteht das Entzücken darüber, dass und wie der andere ein eigenes Muster aufnimmt, verändert, wieder zurückgibt.

Aus der verwirrenden Vielfalt an Informationen nimmt das Gehirn zunächst einfache Muster wahr: Erfahrungen, »gehalten« zu werden oder »fallen gelassen«, etwas »bewirken« zu können im anderen oder nicht, sich einem Menschen »sicher und selbstverständlich verbunden« zu fühlen oder von Anbeginn an für eine solche sichernde Bindung kämpfen zu müssen.

Das Gehirn übernimmt hier die Funktionen eines sorgsamen Lehrers. Manfred Spitzer (2002) beschreibt anschaulich die zeitverzögerte Reifung bestimmter Funktionen unseres Gehirns. Ein aufeinander aufbauendes Eintreten von Funktionen mutet uns spezifisch und zeitgerecht das an Informationen zu, was wir auf dem Boden bisher gemachter Erfahrungen neu lernen können. Für das Lernen ist dies eine optimale Grundlage. Allerdings bedeutet es auch, dass bestimmte Erfahrungen – vor allem solche der ersten Lebensjahre – zu späteren Zeitpunkten nicht mehr oder nur noch eingeschränkt nachgeholt werden können. Ein Kind, das gelernt hat, sich »Sicherheit« in Beziehungen durch aktive Anstrengung zu erarbeiten, kann das basale Gefühl eines »Urvertrauens« kaum noch erwerben. Es kann einen basalen »Mangel« daran mit komplexen Techniken umspielen und tut das auch meist. Es gibt also zeitliche »Fenster« für die Entwicklung von Fähigkeiten. Therapeuten und Berater müssen sich in ihrem Vorgehen, in ihrer Technik, bei bestimmten Störungen auf dieses »Umspielen von Mangelzuständen« einstellen.

Heute wird angenommen, das Leben des Säuglings beginne mit einem Zustand der harmonischen Verschränkung mit anderen. Mit diesem Zustand ist nicht Symbiose oder Verschmelzung gemeint, sondern ein »Wissen« des Kindes darum, dass der eigene mentale Zustand dem anderen, der Mutter, bekannt ist. Diese Fähigkeit zum Teilen von Gefühlen ist angeboren. Sie befähigt das Kind, den eigenen Handlungen und den Handlungen der Mutter Sinn zu geben. Das Kind nimmt an, dass die eigenen seelischen Zustände von Mutter, Vater und anderen wichtigen Bezugspersonen geteilt werden. Das Gesicht der Mutter wird erkundet. Soziales Lächeln tritt auf und beglückt die Interaktionspartner. Viele Sinne tragen zu diesem Miteinander bei. Auf dem mimisch vermittelten Ausdruck liegt aber – auch von der Entwicklung des Auges her, das zunächst auf »Naheliegendes« ausgerichtet ist – der Fokus der Wahrnehmung. Das Kind entdeckt so sich und sein Erleben zunächst im Gesicht der Mutter und des Vaters, in deren feinfühligen Reaktionen auf das eigene Verhalten (ausführlicher zum Sehen und Verstehen der Signale von Säuglingen z. B. Derksen/Lohmann 2009).

Im Alter von sechs Monaten haben sich die Augen des Kindes entwickelt. Es kann jetzt Dinge über das Gesicht der Mutter hinaus fokussieren und genauer wahrnehmen. Aus dem Sich-Einstellen und Spielen »face to face« wird das gemeinsame Betrachten von etwas Drittem. Dabei wird das emotionale Erleben geteilt – das kleine Kind hat ein Bedürfnis, etwas zu zeigen, den ihm wichtigen anderen an seinem Erleben teilhaben zu lassen, Eindrücke und Gefühle zu teilen: »Da!, … Da!« Dieses Wissen um die Zugehörigkeit zu einer Person, Familie oder Gruppe wird im Spiel bestätigt – nicht immer, aber wenn es gut läuft, immer wieder. Der andere denkt wie ich – innere und äußere Welt stimmen überein, ich lasse mich von der äußeren Welt, den Reaktionen der Eltern anstecken, stecke aber auch umgekehrt sie an. Fongy/Target (2003) sprechen vom »Äquivalenzmodus«: Die eigene innere Welt entspricht der Welt der anderen und der äußeren Realität. Dies bedeutet auch, dass subjektives Erleben verändert wird, um es den Informationen, die von außen kommen, anzupassen. Eine solche Anpassung bietet die Möglichkeit, die eigenen Affekte zu regulieren, sich zum Beispiel trösten zu lassen. Bei einer nicht ausreichend feinfühligen Interaktion – etwa wenn ein Elternteil zu sehr mit seinen eigenen Affekten und Themen beschäftigt ist – kann eine solche Anpassung des Kindes aber auch zu einer Verzerrung seines subjektiven Erlebens führen. Beratung oder Psychotherapie mit Menschen im »Äquivalenzmodus« erfordert eine besondere Haltung und dafür geeignete Interventionen.

Spiegeln die Eltern (und andere Beziehungspersonen) die Affekte des Kindes ausreichend feinfühlig, lernt das Kind, dass sich seine Gefühle nicht automatisch auf andere Personen ausbreiten. Diese Trennung von innerer und äußerer Realität (»Als-ob-Modus« nach Fonagy/Target) wird gefördert durch ein Verhalten der Eltern, die ihren Einstieg in ein Spiel mit ihrem Kind »markieren« – z. B. durch ein Übertreiben von Reaktionen, durch mimische Signale, das Anheben der Stimme – »Oh, du armer kleiner Held!« Die Eltern signalisieren damit, dass sie vorübergehend die Position ihres Kindes übernehmen, dessen Affekt spielen – nicht ihren eigenen. Sie markieren dieses Verhalten deutlich. Kinder nehmen in dieser Entwicklungsphase an, dass ihr innerer Zustand keine Beziehungen zur Außenwelt aufweist und für diese auch keine Implikationen hat. Sie sind z. B. in ihr Spiel »versunken«. Dieser Zustand hat Ähnlichkeiten mit der Trennung von Erleben und Verhalten, die bei Erwachsenen mit dem Begriff der »Dissoziation« beschrieben werden.

Ein solches Markieren der Unterscheidung von Kind und Elternteil ist oft Einstieg in ein Spiel. Hier wird spielerisch immer wieder die Perspektive kenntlich gemacht, aus der das Kind und die Mitspieler handeln. Und diese Perspektiven können als Rollen erkannt und gewechselt werden – die Faszination der Rollenspiele entfaltet sich. In jedem dieser Rollenspiele wird ein gemeinsamer Bedeutungsraum hergestellt und geteilt. Nach dem Sommerurlaub am Meer nimmt das Kind einen Schuh von der Garderobe, schiebt ihn durch die Wohnung und macht »tuut«. Dabei schwankt es hin und her. Und Mutter sagt nicht »Lass den Schuh da stehen!«, sondern stattdessen vielleicht: »Oh, hier muss ich ja über das Wasser springen. Wo ist denn der Hafen?«. Mit diesem Mitspielen wird ein gemeinsamer, geteilter Bedeutungsraum – hier Schiff, Meer und Hafen – hergestellt. Mit dem gemeinsam geteilten Bedeutungsraum entsteht Beziehung. Das beglückt und macht Spaß! Dinge werden nicht nur als die Dinge, die sie sind, gesehen. Sie können Unterschiedliches bedeuten. Je nach – gemeinsam geteiltem – Bedeutungsraum kann etwas hier etwas ganz anderes sein als da. Unterschiedliche Spiele mit unterschiedlichen Spielregeln warten darauf, gemeinsam gespielt zu werden. Sie führen hin zu einem »mentalisierenden« Modus, in dem psychische Zustände des anderen reflektiert werden, und zu einer inneren Triangulierung, dem Erreichen eines unabhängigen, sich selbst und einem (oder mehreren) anderen Personen verbundenen Reflexionspunktes. Mentalisieren und Triangulieren können sind entscheidende Ressourcen für eine detaillierte Wahrnehmung und Bewältigung von Konflikten und Belastungen im späteren Leben.

Bei der Entwicklung von Triangulierung und Mentalisierung kann es zu Störungen kommen. Eine dieser Störungen führt zu einer besonderen Beziehungsform, die für Eltern und Pädagogen, Psychotherapeuten und Berater von Bedeutung ist – dem »funktionalisierenden« Modus. Hier lernen Kinder ihre Eltern verstehen und deren Wünsche und Bedürfnisse erkennen. Sie machen aber dabei zu wenig die Erfahrung, dass andere mit ihren eigenen Wünschen feinfühlig und respektvoll umgehen. So entwickelt sich ein Modus, in dem die Reflexion der Position des anderen für ein Verfolgen eigener Ziele eingesetzt wird (»Ich sage Mama jetzt, dass ich sie lieb habe, weil ich dann Computer spielen darf«). Dieser funktionalisierende Modus ermöglicht es Kindern, sich Sicherheit zu verschaffen – Sicherheit aufgrund ihrer Fähigkeit, Wünsche und Motive andere Menschen zu erkennen. Beziehungen in diesem Modus machen es aber zugleich schwer, Vertrauen zu entwickeln. Gute Erfahrungen im späteren Leben werden kaum als Hinweis darauf gesehen, dass andere Menschen verlässlich und liebevoll sind; sie werden stärker auf die eigene Fähigkeit zurückgeführt, andere erfolgreich beeinflussen zu können. Ein Erfolg dieser Fähigkeit bleibt aber immer gefährdet.

6.2 Die fünf Psychologien der Psychoanalyse im Überblick

Entwicklungspsychologische Modelle versuchen, die Gestaltung von Beziehungen, Lernvorgänge, die Entwicklung von Kompetenzen und die Lebensgeschichte eines Menschen in einen Zusammenhang zu bringen. Die Entwicklung von angepasstem und nicht angepasstem Verhalten und von Symptomen kann dann als eine Störung dieser Entwicklung betrachtet werden. Ein solches Verstehen macht es möglich, pädagogisch oder therapeutisch sinnvoll zu handeln. Für das Verstehen eines Kindes können sich – je nach Kind und Anliegen – im konkreten Fall unterschiedliche Modelle besonders gut eignen. Es ist daher nützlich, sich mit unterschiedlichen Modellen zur Entwicklung von Kindern auseinanderzusetzen. Kennen Sie als Leserinnen und Leser die mit den jeweiligen Theorien verbundenen »Bilder« zum Kind, so können sie die sich daraus ergebenden pädagogischen Empfehlungen zuordnen. Sie lernen dabei auch damit umzugehen, dass unterschiedliche Theorien Unterschiedliches empfehlen. Die Vieldeutigkeit vieler Situationen in der pädagogischen Arbeit bringt Unsicherheit mit sich. Für das Umgehen mit Kindern in einer konkreten Situation braucht es daher wieder eher Feingefühl als feste Regeln.

Feinfühligkeit lässt sich in einer Auseinandersetzung mit entwicklungspsychologischen Modellen des Verstehens und mit ihren Widersprüchen für die pädagogische Arbeit ausbauen. Ein einziger Ansatz des Verstehens reicht nicht weit. Kinder sind unterschiedlich. Es braucht vielfältige Modelle, um ein individuelles Kind möglichst gut zu verstehen und sich zugleich dabei der Grenzen des eigenen Verstehens bewusst zu bleiben.

Auch ein guter Therapeut verfügt nicht nur über eine Theorie. Er mag mit einem Patienten intrapsychische Konflikte innerhalb eines triebtheoretischen Konzepts bearbeiten; mit einem anderen wenig erfolgreiche Bewältigungsmechanismen über eine ich-psychologische Konzeptualisierung modifizieren; und einem dritten dabei helfen, unglücklich sich wiederholende Beziehungsmuster über ein objektbeziehungstheoretisches Verstehen freier gestalten zu lernen.

Pine (1988, dt. 1990) unterscheidet und beschreibt vier für psychodynamisches Arbeiten wichtige Psychologien mit ihren je unterschiedlichen Menschenbildern. Diese Psychologien werden im folgenden Abschnitt zunächst kurz dargestellt, um sie in ihrer Unterschiedlichkeit sehen und vergleichen zu können. Es verbindet sie das Ziel, menschliches Erleben und Verhalten als einen Entwicklungsprozess verstehbar zu machen. Auf diesen Überblick folgt eine ausführlichere Darstellung der einzelnen Theorien mit ihren Anwendungen auf die pädagogische Arbeit.

– Das triebtheoretische Modell zeichnet sich durch seine dichten Verbindungen zum Körperlichen aus und betrachtet den Menschen unter dem Gesichtspunkt von Bedürfnissen und Wünschen, die im Schmelztiegel der frühen körperlichen und familiären Erfahrung geformt und in Handlungen und bewussten sowie unbewussten Fantasien verkörpert werden. Hier stehen zentrale Wünsche (als Abkömmlinge körperlicher Bedürfnisse oder »Triebe«) im Konflikt mit den Wünschen anderer, den Anforderungen der Gesellschaft oder dem eigenen Bedürfnis nach Sicherheit. (Zu viel) Anpassung und Verzicht auf Befriedigung wird als symptomauslösend betrachtet. Vereinfacht kann diese Auffassung werden zu einem »Kinder sollte man also, soweit das geht, gewähren lassen, wenn man ihnen Gutes tun will«. Allerdings sieht die Triebtheorie auch die Notwendigkeit von zeitgerechten, an die Entwicklung angepassten Enttäuschungen (»Grenzen«) vor, an denen gelernt werden kann.

– Die Ich-Psychologie betont die Entwicklung der Abwehr unter Berücksichtigung der inneren Welt, die Anpassung unter Berücksichtigung der äußeren Welt und die Realitätsprüfung unter Berücksichtigung beider. Es wird davon ausgegangen, dass die Fähigkeit zur Anpassung, Realitätsprüfung und Abwehr in der Entwicklung langsam erlangt wird und sich mit der Zeit entfaltet. Die Ich-Psychologie beachtet besonders die Fähigkeit, sich auf unterschiedliche soziale Situationen einzustellen. Schwierigkeiten, sich an gesellschaftliche und institutionelle Bedingungen anpassen zu können (verkürzt: geringe Kompetenz darin, sich anpassen und doch dabei zugleich eigene Ziele verfolgen zu können), werden als eine bedeutsame Ursache von Störungen betrachtet: Vereinfacht kann diese Auffassung zu einem an Normen orientierten Denken führen, in dem Kindern gut tut, nach bestimmten Kriterien »optimal« gefördert zu werden. Anpassung an diese Normen wird dann nicht mehr oder zu wenig hinterfragt.

– Das objektbeziehungstheoretische Modell konzentriert sich auf die Geschichte unserer wichtigen Beziehungen. Sie werden verinnerlicht und bilden dann Grundlagen für unser soziales Leben aus, für das, was wesentlich ist für unser Menschsein. In diesem Modell besteht die Entwicklungsaufgabe darin, sich von den erlernten Zwängen dieser Beziehungen zu befreien – zumindest teilweise – oder sie als Teil der eigenen Geschichte zu akzeptieren. Neue Erfahrungen können dann (in Grenzen) als wirklich neu erlebt werden. Die Auswirkungen bereits gemachter Beziehungserfahrungen auf das Erleben neuer Erfahrungen werden betont. Beziehungsvorstellungen und damit einhergehende Erwartungen werden auf dem Hintergrund individuell unterschied-

licher biologischer Voraussetzungen und sozialer Erfahrungen gebildet. Sie beeinflussen die Wahrnehmung und Bewertung folgender Erfahrungen und damit die Wahrnehmung von anderen und von sich selbst. Eine Einengung der Beziehungsmöglichkeiten auf wenige, sich wiederholende Muster wird als pathogenetischer (zu Erkrankungen beitragender) Faktor betrachtet. Gut für Kinder – wiederum vereinfacht – ist es daher, wenn Kinder feinfühlige und auch vielseitige unterschiedliche Erfahrungen in ihren Beziehungen machen.
- Das selbstpsychologische Modell richtet die Aufmerksamkeit darauf, wie sich ein differenziertes und ganzheitliches Gefühl des Selbst ausbildet. Dazu gehört es, sich »selbst« als Mittelpunkt der eigenen Aktivitäten und Wünsche und mit einem anhaltenden Gefühl des eigenen subjektiven Wertes zu erleben. Der einzelne Mensch wird unter dem Gesichtspunkt seines subjektiven Befindens betrachtet, vor allem in Hinblick auf Grenzen, Kontinuität und Wertschätzung und auf seine Reaktion auf Schwankungen dieses subjektiven Zustandes. Die Selbstpsychologie konzeptualisiert die Entwicklung der Vorstellungen von uns selbst und die damit einhergehenden Beziehungsmuster zu anderen Menschen. Als Ursache von Störungen werden überfordernde Enttäuschungen an frühen Bindungspersonen gesehen, die sich nicht ausreichend empathisch auf das Kind einstellten. Vereinfacht: »Man kann ein Kind nicht genug loben!« – Lob und Anerkennungserfahrungen sind in diesem Konzept als besonders entwicklungsfördernd angesehen.

Diesen klassischen psychodynamischen Modellen noch an die Seite zu stellen ist
- das bindungstheoretische Modell (Bowlby 1975). Die Bindungstheorie geht von dem Bedürfnis kleiner Kinder nach Sicherheit in der Beziehung zu ihren Müttern aus. Die Sicherung dieser Beziehung, auf die Kinder existenziell angewiesen sind, hat Vorrang vor anderen Bedürfnissen. Die Fähigkeit, Hilfe von vertrauten Personen zu nutzen, scheint ein wichtiger Schutzfaktor gegen diverse Formen von Fehlentwicklung über das ganze Leben hinweg zu sein. In der Bindungstheorie wird beschrieben, wie Kinder sich an das Verhalten ihrer Mütter anpassen. Hier ist auch der Begriff »mütterliche Feinfühligkeit« prägend, der beschreibt, wie gut oder schlecht eine Mutter Signale ihres Kindes versteht, geeignete beruhigende Verhaltensweisen findet und Reaktionen des Kindes angemessen bewertet. Empirische Beobachtungen an Kindern und an Tiermodellen zeigen überzeugend ein eigenständiges Bedürfnis nach Bindung. Kinder versuchen, Bindung über unterschiedliche Techniken und in Anpassung an das Verhalten der Mutter zu sichern. Experimentell lassen sich unterschiedliche »Typen« von Bindungsverhalten beobachten. »Sichere Bindung« wird als gute Grundlage weiterer Entwicklungen angesehen (z. B.

für Möglichkeiten der Exploration mit Eltern als »sicherer Hafen« und Rückversicherer), andere »unsichere« Bindungstypen, die mit erhöhter Angst und mehr Stress verbunden sind, als Risikofaktoren für spätere Störungen.

Die aufgeführten Modelle schließen sich nicht gegenseitig aus. Sie eignen sich für unterschiedliche Situationen und Kinder unterschiedlich gut und können sich in der Annäherung an ein Gesamtbild ergänzen. Im Folgenden werden einige zentrale Konzepte der jeweiligen Modelle aufgeführt. Zu jeder dieser Theorien gibt es eine Fülle von Veröffentlichungen, die hier nicht alle genannt werden können. Eine etwas ausführlichere Gegenüberstellung dieser Theorien mit Angaben zu den Originalautoren findet sich bei Pine (1990). Für den Bezug zu einer allgemeinen Entwicklungspsychologie über die Lebensspanne wird auf Oerter/Montada (2008) hingewiesen, zu Verbindungen mit psychotherapeutischen Konzepten auf Seiffge-Krenke (2008).

Das triebtheoretische Modell

Hier wird das Kind am deutlichsten in seiner biologischen Entwicklung und als ein aktiv handelndes Subjekt begriffen. Die starke entwicklungspsychologische Ausrichtung innerhalb dieses Modells kann Pädagoginnen und Pädagogen helfen, einen emotionalen Zugang zum Kind zu finden. Auch die Pädagogin und der Pädagoge standen – als sie selbst Kinder waren – vor den Entwicklungsaufgaben, mit denen sich die von ihnen betreuten Kinder auseinandersetzen. Der Rückgriff auf diese Situation fördert Teilnahme und Empathie. Triebtheoretisch wird von abgrenzbaren Phasen der kindlichen Entwicklung ausgegangen. Mit der körperlichen Reifung stehen Kinder vor jeweils neuen Entwicklungsaufgaben mit charakteristischen interpersonellen Konflikten und Ängsten. Diese kindlichen Entwicklungsphasen werden beschrieben und dann zur kurzen Benennung stereotyper Verhaltensweisen Erwachsener verwendet. Manche dieser Begriffe sind in das alltagspsychologische Verständnis eingegangen:
– die *orale Phase* (0–1 Jahr) als frühe Entwicklungsstufe, in der Erfahrungen überwiegend über den Mund und das Saugen an der Brust gesammelt werden) steht mit Konflikten um Versorgung in Zusammenhang und hat einen Bezug zu bestimmten depressiven Verhaltensmustern und zu Fütter- und Gedeihstörungen.

Beispiel

Hier ist es unglücklich, wenn Kindern diese Phase der Erkundung nicht gewährt wird und ihnen Gegenstände aus dem Mund genommen werden und darauf kritische Äußerungen folgen. Kinder lernen, indem sie Gegenstände in den Mund nehmen und mit der Zunge erkunden.

- die *anale Phase* (2.–3. Lebensjahr) mit Konflikten um Anpassung und Autonomie (vor dem Zeitalter von Papierwindel und Waschmaschine war die Bedeutung der Reinlichkeitserziehung höher als heute und stand für eine erste Leistungsanforderung an das Kind) weist einem Bezug zu zwanghaften Verhaltensmustern auf, in denen es um Kontrolle und Unterwerfung, Ordnung und Eigensinn geht. Verstopfung, das Einhalten bestimmter Rituale und Wutanfälle (»Trotz«) kommen in dieser Entwicklungsphase vermehrt vor. Mit Wissen über die anale Phase und die Bedeutung von Trotz für die Entwicklung von Eigenständigkeit können zwei- bis dreijährige Kinder in ihrer Wut besser verstanden werden.

Beispiel

L. will nicht auf die Toilette gehen, sondern weiterhin eine Windel tragen. Die Mutter ist verzweifelt, da ihre Tochter vor ihrem dritten Geburtstag »sauber sein« sollte. Doch L. bleibt hartnäckig und verwehrt den Gang ins Badezimmer. Wutanfälle sind häufig. Schließlich kommt L. zu ihrer Mutter und sagt, dass sie noch ihre Windel anziehen möchte. Wenn sie drei Jahre alt wird, dann wird sie keine mehr brauchen, weil sie dann schon groß ist. Die Mutter schildert sich als resigniert. Sie wartet auf den dritten Geburtstag ihrer Tochter. Am Morgen dieses Tages zieht L. nach dem Frühstück ihre Windel aus und wirft sie mit den Worten »Jetzt bin ich droß und blauche teine Windel mehr« in den Mülleimer. Anschließend geht sie ins Bad und setzt sich auf die Toilette. Die Windel braucht sie von diesem Zeitpunkt an nicht mehr.

- in der *prägenitalen und genitalen Phase* mit Konflikten um die eigene Rolle als Junge oder Mädchen und in den Beziehungen zu Mutter und Vater wird die oben beschriebene Triangulierung erneut wichtig. Die Entwicklung des Über-Ich macht sich deutlich bemerkbar, Schuldgefühle treten auf. Durch die Auseinandersetzung mit der eigenen Rolle als Junge und Mädchen, Tochter oder Sohn kommt es vermehrt zur Rivalität mit dem gleichgeschlechtlichen Elternteil (»ödipale Konflikte«) und zum Experimentieren mit geschlechtstypischen Rollen. Diese werden oft deutlich markiert dargestellt: Mädchen verkleiden sich als »Prinzessinnen«, Jungen »prahlen« mit ihren »männlichen« Potenzen. Bei Konflikten sind körperliche Symptome häufig.

Beispiel

Lisa (fünf Jahre) kommt aus dem Theaterraum auf mich zu und fasst sich mit der linken Hand an ihren Bauch, dabei macht sie ein bedrücktes Gesicht. »Ich habe ein bisschen Bauchschmerzen«, sagt sie zu mir. Ich frage sie, ob sie sich hinlegen möchte und ich ihr ein Wärmekissen bringen soll. Lisa nickt und geht in den Schlafraum. Als ich ihr das Wärmekissen bringe, liegt sie dort auf einer Matte und fasst sich wieder an den Bauch. »Der blöde Max (fünf Jahre, besucht ebenfalls die Kita), immer muss der mich ärgern«. Ich frage, was Max getan hat. »Der lässt mich nie beim Theater mitspielen. Immer bestimmt Max, wer mitspielt.« Ich schlage Lisa vor, noch einmal mit Max zu reden, und gehe in den Theaterraum. Dort verkleidet Max mit anderen Kindern Stühle mit Decken. Er brüllt »Wir sind Piraten und da steht unser Piratenschiff.« Ich frage Max, ob für Lisa vielleicht noch eine Rolle frei ist. Er überlegt und sagt dann. »O.k. Lisa, dann bist du die Piratenbraut, ja?« Lisa nickt und läuft zu Max auf die Bühne. Ich frage sie, ob ihre Bauchschmerzen noch schlimm sind, sie schüttelt jedoch nur den Kopf und setzt sich mit in das Piratenschiff.

Ein Ausprobieren betont »weiblicher« Verhaltenweisen wird in Schulen und Kindergärten häufig toleriert, selbst wenn es als »übertrieben« erlebt wird: »Na gut, dann bist du eben eine rosafarbene Prinzessin!« Das prahlerische, »männliches« Verhalten übertreibend darstellende Spiel von Jungen stößt dagegen häufig auf manifeste Ablehnung und wird sanktioniert.

In ihrer alltagspsychologischen Kurzform wirken manche Begriffe der Triebtheorie angestaubt. Erst in Verbindung mit einem dynamischen Verständnis der für die Entwicklungsphasen charakteristischen Konflikte bleibt die enge Verbindung zum Körperlichen spannend – die Lust und die Regulation von Affekten beim Daumenlutschen, beim Rauchen, dem »Nuckeln« an der Flasche. Aktuelle Modelle zum Verstehen funktioneller köperlicher Beschwerden oder depressiven Reagierens zeigen solche Verbindungen inzwischen auch auf der Ebene der Neurotransmitter und Hormone.

Zentrale Wünsche (als Abkömmlinge biologisch gedachter »Triebe«) treten in Konflikt mit familiären und gesellschaftlichen Anforderungen. Sie sind daher oft nur teilweise und in modifizierter Form erfüllbar. Die Fähigkeit, sich eigene Wünsche in einer dem triebhaften ferneren, gesellschaftlich akzeptierten Form zu erfüllen (»Sublimierung«) ist für Gesundheit und gesellschaftliche Anerkennung wichtig – etwa das »Fressen« oder »Verschlingen« von Büchern anstatt von großen Mengen Nahrungsmitteln. Für ein weitergehendes Verständnis modernen triebtheoretischen Denkens mit plastischen Beispielen zum Erleben von Kindern in den jeweiligen Entwicklungsphasen ist das Buch *Psychoanalytisches Denken* von Müller-Pozzi (1995) zu empfehlen.

Das Ich-Psychologische Modell

In diesem Modell werden Kinder überwiegend in ihrer Rolle als Lernende betrachtet. Lernen wird dabei in einem umfassenden Sinn verstanden. Ich-Psychologische Konzepte weisen Lehrenden die Haltung einer nach Objektivität strebenden Fremdbeobachtung zu. Aus dieser können und sollen sie sorgsam beobachten und dann als Experten intervenieren. Anpassung an die Umwelt wird als Leistung betrachtet, für die gut entwickelte Ich-Funktionen (wie z. B. Frustrationstoleranz, Wahrnehmung und Differenzierung eigener Affekte, Ausdauer, die Fähigkeit, Auswirkungen des eigenen Verhaltens auf andere zu antizipieren, die Toleranz gegenüber Ambiguität oder Empathie, die Fähigkeit, sich in andere Menschen einzufühlen) erforderlich sind. Daher werden Abwehr- und Anpassungsmechanismen und deren Auswirkungen detailliert erfasst und auf ihre Funktionalität hin untersucht. Es wird gelernt. Aufgabe von Pädagogen und Therapeuten ist es in diesem Modell, für das Lernen möglichst gute Bedingungen zu schaffen. So ist es anzustreben, Kindern Aufgaben zu stellen, die in »Griffweite des Möglichen« liegen, für die sie sich also anstrengen müssen, die sie mit dieser Anstrengung aber dann erfolgreich bewältigen können.

In dem, was Kinder dabei brauchen, unterscheiden sie sich interindividuell stark – was für ein Kind günstig ist, muss es nicht für ein anderes sein. Ich-psychologisch beeinflusste Konzepte – etwa im Bereich der Frühförderung – setzen daher ein individuelles Eingehen auf Kinder und ihre Kompetenzen voraus. Die damit in Schulen notwendig einhergehende »Binnendifferenzierung« muss dann noch stärker ausgebaut werden. Pädagogen haben hier die Aufgabe, für alle Kinder geeignete Lernbedingungen zu schaffen. Dies ist oft eine Herausforderung, nicht nur bei Kindern, die unter schwierigen familiären Lebensumständen aufwachsen. Eine interessierte Haltung der Lehrerinnen oder Erzieherinnen gegenüber dem Kind und seiner Lebenssituation, in der das Kind mit seiner Persönlichkeit und seinen Besonderheiten angenommen wird, trägt dazu bei, Kinder in ihrer Unterschiedlichkeit wahrzunehmen und zu bestätigen. Kinder benötigen in Kindergarten und Schule differenzierte Anerkennungserfahrungen, um gute Ich-Funktionen zu entwickeln. Dazu gehört eine sorgfältige Wahrnehmung und die feinfühlige Rückmeldung von Beobachtungen durch Lehrerinnen und Lehrer.

Kinder und Jugendliche bringen sehr unterschiedliche Merkmale und Erfahrungen mit. Sie sind auch gegenüber Belastungen unterschiedlich widerstandsfähig oder »resilient«. Kindergärten und Schulen müssen daher auch dazu beitragen, Ich-Funktionen zu entwickeln, die zielorientiertes Lernen erst möglich machen – z. B. indem mit den Kindern Konfliktbewältigungsstrategien erarbeitet werden. Ein Angebot, das für Schulen und Kindergärten entwickelt wurde, ist beispielsweise das Programm *Faustlos* zur Prävention gewalttätiger Auseinandersetzungen. Die Faustlos-Curricula fördern gezielt sozial-emotionale Kompetenzen in den Bereichen Empathie, Impulskontrolle und Umgang mit Ärger und Wut. Kinder lernen, ihre Ich-Funktionen in diesen Bereichen zu verbessern. Ein neu aufgelegter Klassiker der Ich-Psychologie in ihren pädagogischen Anwendungen ist Anna Freuds *Psychoanalyse für Pädagogen* (1935, 2011).

Das objektbeziehungstheoretische Modell

Das objektbeziehungstheoretische Modell ist in Deutschland vor allem durch Arbeiten zu schwereren Entwicklungsstörungen (z. B. Kernberg, 1978) bekannt geworden. In diesem Modell werden Kinder unter dem Gesichtspunkt ihrer sozialen Prägung durch frühe Erfahrungen mit ihren Bezugspersonen verstanden. Wert wird auf die individuelle Erfahrung der Kinder gelegt – ein und dieselbe Mutter mag von einem Kind mit »sonnigem« Temperament als »gut genug« erlebt werden, von einem Kind mit »schwierigem« Temperament als zu wenig feinfühlig. Da Kinder nicht als »unbeschriebene Blätter« auf die Welt kommen, tragen sie selbst etwas zu den Interaktionen mit ihren Bezugspersonen bei und stellen diese vor unterschiedlich große Herausforderungen.

Entwicklungsstörungen sind in Familien manchmal als innerfamiliäre Beziehungsmuster über Generationen hinweg zu erkennen. Sie treten im »Hier und Jetzt« der Beziehung zwischen Erzieherin und Kind wie zwischen Patient und Therapeut auf. Dabei ist häufig die Art der Beziehungsgestaltung konstant, auch wenn die Rollen wechseln: Der – als Kind – eingeschüchterte und verängstigte Erwachsene übernimmt, vielleicht im Wechsel mit ängstlicher »Verschlagenheit«, in den Beziehungen zu anderen (möglicherweise auch der Pädagogin) die Rolle des beängstigenden und andere Menschen einschüchternden Vaters. Dieses Verhalten lässt sich auch schon in Kita, Schule und Hort beobachten. Kinder – und Erwachsene in Therapien – lassen damit andere etwas von der Angst leibhaftig spüren, die sie selbst aktiv erlebt haben – aktuell oder in einer früheren Kindheitssituation. Erinnerungen werden hier vielfach nicht verbal erzählt, sie können zunächst nur interaktiv dargestellt werden. Das Konzept der »projektiven Identifizierung«, beschreibt diese interaktive »Implantierung« von früher erlebten Gefühlen in das Gegenüber. Die Objektbeziehungstheorie kann dazu beitragen, diese Art der Kommunikation zu verstehen und z. B. für die Arbeit mit gewaltbereiten Kindern oder schwerer kranken Patienten zu nutzen. Auf diese Weise können transgenerationale Muster (vereinfacht: Kind wird geschlagen, schlägt als Mutter oder Vater dann die eigenen Kinder) unterbrochen werden.

Beispiel

Felix ist sieben Jahre alt und besucht die erste Klasse in einer Schule für Kinder mit Förderbedarf der geistigen Entwicklung. Er ist das zweite von vier Kindern seiner Mutter. Die Kinder haben nicht alle den gleichen Vater. Seine Mutter hat gerade das vierte Kind bekommen und ist mit der Situation überfordert. Der ältere Bruder von Felix ist bereits im Heim. Um das Sorgerecht für Felix streiten sich die Eltern häufig. Felix bekommt den Streit hautnah mit. Die Mutter, bei der er lebt, ist sehr angespannt und wenig geduldig mit Felix, der immer sehr aktiv und aufgedreht ist. Sein »bester Freund« ist der Fernseher. Felix berichtet auf Nachfrage, dass seine Mutter ihn haut, wenn er nicht auf sie hört. Im Unterricht ist er oft unkonzentriert und ungenau bei der Arbeit. Wenn ihm nicht gefällt, was ein anderes Kind macht, oder er sich von anderen bedrängt fühlt, droht er mit Gewalt oder schlägt einfach zu. Er übernimmt die Rolle der mächtigen und beängstigenden Mutter und versucht so, sich gegenüber den anderen Kindern durchzusetzen, weil er sich nicht anders zu helfen weiß.

Selbstpsychologische Konzepte (Kohut, 1972)

Selbstpsychologische Konzepte sind hilfreich, um Störungen des Selbsterlebens und ihre interpersonellen Auswirkungen innerhalb eines entwicklungspsychologischen Modells zu verstehen. Differenzierte, stabile und flexible Grenzen gegenüber anderen Menschen, ein Gefühl der Kontinuität des eigenen Handelns und Erlebens und Fähigkeiten in der Regulation des Selbstwerts werden auf gelingende Anerkennungserfahrungen zurückgeführt. Auch deshalb ist elterliche Feinfühligkeit so wichtig. Größenwahnvorstellungen und die Verachtung anderer Menschen können dann als Versuche verstanden werden, Störungen im subjektiven Selbsterleben auszugleichen. Die entwicklungspsychologische Dimension bietet in diesem Modell wieder eine Möglichkeit, sich probeweise mit – sonst empathisch schwer zu verstehenden – Menschen zu identifizieren und auf diese Weise zusätzlich zu einer objektivierenden Beschreibung einen emotionalen Zugang zu gewinnen. Dies ist etwa bei zunächst arrogant und ungezogen wirkenden Kindern und Jugendlichen hilfreich. Therapeuten nutzen diese Konzepte vor allem bei Menschen, die Schwierigkeiten mit der Regulation ihres Selbstwertgefühls in Beziehungen haben, Menschen mit einer »narzisstischen« Störung.

Fragen

Wie beurteilen Sie es, dass Kinder möglichst weitgehend vor Enttäuschungen mit Bindungspersonen bewahrt werden sollen?

Sind Enttäuschungen notwendig im Sozialisationsprozess, um sich an diesen zu entwickeln und zu wachsen?

Was trägt dazu bei, dass eine schmerzhafte Enttäuschung mittel- und langfristig auch gute Auswirkungen hat?

Loben Sie Kinder immer? Meinen Sie, Lob kann auch schaden? Wann?

Als Anregung für Überlegungen zu diesen Fragen hier drei Kommentare von Pädagoginnen und Studierenden:

»Ich denke, es ist äußerst wichtig, dass Kinder in ihren primären Bindungen nicht enttäuscht werden, damit sie ihre Beziehungserfahrungen auf spätere Bindungen übertragen können. Sind sie hier gefestigt, ist es später auch leichter, mit Beziehungsproblemen umzugehen und nicht gleich die ganze Beziehung in Frage zu stellen. Meiner Meinung nach kann man später als Erwachsener besser mit schwierigen Beziehungen umgehen und dies auf die aktuellen Gegebenheiten übertragen, wenn man in der Kindheit gute Beziehungserfahrungen gemacht hat. Wie in der Triebtheorie beschrieben, kann an ›zeitgerechten an die Entwicklung angepassten‹ Enttäuschungen gelernt werden. Gerade wenn ›nicht enttäuschte‹ Kinder dann in ihrem Leben Enttäuschungen erfahren, sind sie eben nicht gleich überfordert, da sie sich ihrer Bindungen im Grunde sicher sind. Dann können sie auch an Enttäuschungen mit anderen Bindungspersonen wachsen.«

»Beim Loben von Kindern stellt sich mir oft die Frage, ob man ein Kind auch zu viel loben kann. Ich hatte schon des Öfteren den Gedanken, dass zu viel Lob für ein Kind nicht optimal ist. Meine Überlegung ist, ob ein Kind eine Tätigkeit, bei der es andauernd gelobt wird, nicht irgendwann nur macht, um gelobt zu werden. Meiner Meinung nach sind andere Kompetenzen der Erwachsenen genauso wichtig für die Selbstentwicklung des Kindes. Dazu gehören Empathie und Anerkennung des Kindes. Ich lobe Kinder auch sehr häufig, frage mich aber manchmal, ob es nicht übertrieben viel ist. Wissen Kinder dann noch enorme eigene Leistungen zu schätzen? Versuchen sie dann noch um ihrer selbst willen sich weiter zu entwickeln oder nur für noch mehr Lob? Bei diesem Thema bin ich mir sehr uneinig und würde gern andere Meinungen dazu erfahren.«

»Enttäuschungen heißt doch – man kann die Dinge hinterher klarer und weniger ›getäuscht‹ sehen und sich besser auf sie einrichten. Ich finde Enttäuschungen sind notwendig. Als Erzieherin oder als Mutter oder Vater ist es meine Aufgabe, sie für Kinder erträglich zu gestalten, die Kinder nicht zu überfordern, aber auch nicht zu unterfordern.«

Eine weiterführende Diskussion dieser unterschiedlichen Theorien und ihrer Widersprüche findet sich bei Mertens, *Psychoanalytische Schulen im Gespräch* (2010, 2011). Hier stehen allerdings therapeutische Auswirkungen entwicklungspsychologischer Überlegungen im Mittelpunkt, die sich Leserinnen und Leser mit pädagogischen Interessen selbstständig für ihr Arbeitsfeld aneignen müssen.

Bindungstheorie

Die entwicklungspsychologische Dimension menschlichen Erlebens und Verhaltens wird auch in der *Bindungstheorie* Bowlbys (1975) deutlich:

Die Bindungstheorie geht von dem Bedürfnis kleiner Kinder nach Sicherheit in der Beziehung zu ihren Müttern aus. Die Sicherung dieser Beziehung, auf die Kinder existenziell angewiesen sind, hat Vorrang vor anderen Bedürfnissen. Dieses Modell hat erheblichen Einfluss auf konzeptionelle Veränderungen für Übergänge, ob von den Eltern in die Krippe, von dort in den Kindergarten oder vom Kindergarten in die Schule. Die Notwendigkeit eines gestalteten Übergangs mit einer Zeit der *Eingewöhnung* in Krippe oder Kindergarten wurde anerkannt. In dieser Zeit wird darauf geachtet, dass Kinder an ihrem neuen Aufenthaltsort eine Bindungsperson finden. Eine Bezugsperson ist als Ansprechpartnerin für das Kind erkennbar. Die Mutter – oder der Vater – ist noch eine Weile mit dem Kind am neuen Ort und vermittelt Sicherheit. Eine vorübergehende, für Kinder oft dennoch subjektiv lange (»unendliche lange«) Lösung von Mutter oder Vater kann leichter erreicht werden, wenn die Kinder in Krippe oder Kindergarten eine Erwachsene als Bindungsperson gefunden haben. Angst und Stress wird so gemindert. Eine ausführlichere Darstellung der Emotionen und der Bindung bei Kleinkindern bietet Hédervári-Heller (2011).

Die Bindungstheorie beschreibt differenziert, wie Kinder sich an das Verhalten ihrer Mütter adaptieren. Zu einer auf die Bedürfnisse eines Kindes feinfühlig und verlässlich eingehenden Bezugsperson entwickelt sich in der Regel eine »sichere Bindung«: Das Kind nutzt die Mutter (und später andere Menschen) als ein Sicherheit gebendes Objekt. Es kann in der Sicherheit der Bindung zur Mutter relativ angstarm erkunden – die Beziehung zur Mutter und zu anderen Menschen, aber auch die Welt in der Gegenwart der Mutter. Sicher gebundene Kinder nehmen ihre Eltern in mancher Hinsicht mehr in Anspruch als unsicher gebundene Kinder – sie schlafen z. B. schlechter (oder machen sich, wenn sie nachts aufwachen, eher bemerkbar) und wirken zunächst weniger »selbstständig«.

Wenn sich die Mutter oder der Vater nicht ausreichend an die Bedürfnisse ihres Kindes anpassen, entwickelt dieses Vorgehensweisen, mit denen es »über Umwege« eine gewisse Sicherheit erreichen kann – Beziehungsmodi, die als »unsicher ambivalent« oder »unsicher vermeidend« beschrieben werden. Ein fehlender Ausdruck von Trauer über den Verlust ist dabei zugleich mit starkem Stress verbunden – für äußere Beobachter oft nicht zu sehen, aber über die Messung der Ausschüttung von Stresshormonen gut nachweisbar. Dennoch gelingt es Kindern in unsicheren Bindungsmustern, sich an die Bedingungen ihrer Umwelt so anzupassen, dass sie sich ein Bild von den zu erwartenden Reaktionen ihrer Bindungspersonen machen. Sie erleben diese daher in der Regel als verlässlich. Gelingt eine solche Anpassung nicht, wird dies als »Desorganisation/Desorientierung« beschrieben. Bei unsicher gebundenen Kindern kann z. B. die Eingewöhnung als schnell und unproblematisch erlebt werden, wenn Kinder wenig Körper- und Blickkontakt zur Mutter (oder Eingewöhnungsperson) halten. Dass dies auch ein Zeichen für ein unsicheres Bindungsmuster sein kann – und das scheinbar emotional unbeteiligte Verhalten mit Anspannung und Stress verbunden ist – wird dann übersehen.

Der Bindungsstil wird meist über den »Fremde-Situations-Test« FST bei Kindern im Alter von 12 bis 24 Monaten ermittelt. In acht Drei-Minuten-Episoden erfährt das Kind in zunehmender Intensität Unvertrautheit, Neuheit und Fremdheit sowie kurze Trennungen von der Mutter. In diesem Test werden das Erkundungs- und das Bindungssystem des Kindes angesprochen. Die aussagekräftigsten Informationen über die Qualität der Bindungsbeziehung lassen sich aus Beobachtungen des Zeitraums ziehen, in dem das Kind seiner Mutter nach einer Trennung wieder begegnet.

Die Beurteilung eines Bindungsmusters ist nicht einfach. Sie kann nicht allein aufgrund von Beobachtungen in der Schule oder im Kindergarten erfolgen. Mit dem FST und Instrumenten für andere Altergruppen liegen standardisierte Untersuchungsverfahren vor. Die Bindungstheorie bietet überzeugende Konzepte für die pädagogische Arbeit mit kleinen Kindern; sie birgt aber auch in besonderen Weise die Gefahr, schnell und ohne individuelles Verstehen ein Kind zu »kategorisieren«. Diese Gefahr ist dann besonders groß, wenn »unsichere« Bindungsmuster als Ausdruck einer Störung betrachtet werden.

Kinder zeigen gegenüber unterschiedlichen Bezugspersonen unterschiedliches Bindungsverhalten. Ein Kind kann z. B. mit seiner Mutter ambivalent gebunden sein und mit dem Vater sicher. Erzieherinnen und Lehrerinnen haben die Möglichkeit, sich als zuverlässige Bindungsperson anzubieten. Viele Kinder verbringen lange Zeiten in Krippe, Kindergarten oder Hort. Gerade für Kinder aus überlasteten Familien kann das Erleben einer feinfühligen Beziehungsperson und die Entwicklung sicherer Bindungen eine wichtige, dauerhaft prägende Erfahrung sein. Empirische Untersuchungen zeigen, dass sich eine feinfühlige Betreuung in Kindergarten und Krippe auch auf die Bindungsbeziehung zu den Eltern positiv auswirkt – Kinder das im Kindergarten Gelernte also auf die Beziehungen in ihrer Ursprungsfamilie übertragen und dort Veränderungen einleiten.

Bindungsmuster

Bowbly unterscheidet zunächst drei *Bindungsmuster:* unsicher-vermeidend gebunden, sicher gebunden, unsicher-ambivalent gebunden:

	unsicher-vermeidend	sicher	unsicher-ambivalent
Ursachen	Bedürfnisse des Kindes werden in der Regel wenig beachtet.	Eltern erfüllen Bedürfnisse ihrer Kinder in der Regel ausreichend feinfühlig.	Eltern reagieren zeitweise feinfühlig, dann aber wieder nicht.
Verhalten	Kinder zeigen ihre Gefühle nicht mehr offen, wirken betont unabhängig und selbstständig.	Kinder zeigen offen ihre Gefühle und Bedürfnisse und vertrauen darauf, dass diese in der Regel erfüllt oder verstanden werden. Sie lassen sich nach Belastungen durch eine Bindungsperson leicht trösten.	Kinder suchen beständig Kontakt zur Mutter, um sich zu vergewissern, wie ihr aktueller Zustand ist. Nach Belastungen lassen sie sich schwer trösten.
Mögliche Folgen	- Spiel selbstständig, aber teilweise weniger fantasievoll - länger andauernde, starke körperliche Stressreaktionen - soziale Unsicherheiten - situativ vermindertes Explorationsverhalten - »bequeme« Kinder - Eltern manchmal stolz auf scheinbare Unabhängigkeit ihres Kindes	- fantasievolles Spielen - aktives Erkundungs- und Lernverhalten - fordern und wünschen rasch Hilfe und Unterstützung - weniger ängstlich - kürzere und weniger starke körperliche Stressreaktionen - nachts häufigeres Aufwachen - gut kooperierend, Zusammenarbeit »vergnüglich«	- Spiel weniger fantasievoll und weniger selbstständig - eingeengtes Explorationsverhalten - Lernen mancher Sachverhalte verzögert - oft belastende Interaktionen, Kinder »fordernd«

Mit den Gefahren bindungstheoretischer Überlegungen im Hinterkopf (vor allem: Kinder ohne ein individuelles Verstehen zu »kategorisieren« und »unsichere« Bindungsmuster als Ausdruck einer Störung zu betrachten) regen die folgenden Beispiele dazu an, kindliches Verhalten vor dem Hintergrund der Bindungstheorie und ihrer Kategorien zu betrachten:

Beispiel

Max, fünf Jahre alt, weint morgens im Kindergarten, wenn seine Mutter ihn zum Gruppenraum bringt. Dann kuscheln sie noch eine Weile, bis Max von selbst sagt, dass seine Mutter jetzt gehen kann und er mit den anderen spielen will. Max experimentiert viel im Kindergarten und hat sichtlich Spaß am Spiel mit seinen Freunden. Er freut sich, wenn seine Mutter ihn am Nachmittag wieder abholt.

Max zeigt sicheres Bindungsverhalten; er kann seine Gefühle offen vor seiner Mutter zeigen, die auf seinen Kummer eingeht, sich Zeit für ihn nimmt und einfühlig und liebevoll mit ihm umgeht.

Beispiel

Lena, drei Jahre, ist den ersten Tag in der Kindertagesstätte. Die Mutter begleitet Lena während der Eingewöhnung. Sie sitzt auf einem Stuhl in der Ecke des Raumes und beobachtet ihr Kind. Durch ihre Körpersprache zeigt sie Lena, dass sie für sie da ist. Lena untersucht währenddessen die Regale. Ab und zu dreht sie sich um und schaut zu ihrer Mutter. Plötzlich fällt sie hin und beginnt zu weinen. Sofort schaut sie nach ihrer Mutter, welche ihr mit offenen Armen entgegenschaut. Lena steht auf, geht zu ihr und setzt sich auf ihren Schoß. Nach kurzer Zeit hört sie auf zu weinen, kuschelt noch einen Moment mit ihrer Mutter, springt dann auf und beginnt den Raum von Neuem zu erkunden.

Lena zeigt sicheres Bindungsverhalten; sie kann sich rasch frei im Raum bewegen. Die Anwesenheit der Mutter gibt ihr hierfür die nötige Sicherheit. Durch Rückversichern vergewissert sie sich, nicht allein zu sein, sondern eine »sichere Basis« zu haben, von der aus sie dann wieder erkunden kann. Nach dem Hinfallen lässt sie sich rasch von ihrer Mutter beruhigen und kann ihre Erkundungen und Explorationen fortsetzen.

Beispiel

Johann zeigt sicheres Bindungsverhalten; er wird morgens von seiner Mutter in den Kindergarten gebracht. Als sie sich von ihm verabschieden will, fängt er an zu weinen und streckt seine Arme nach ihr aus. Sie nimmt ihn noch einmal auf den Arm, gibt ihm einen Kuss und verabschiedet sich. Er weint trotzdem und schaut ihr hinterher, als sie den Raum verlässt. Als »seine« Erzieherin versucht ihn zu trösten, lässt er sich schnell beruhigen und wendet sich dann den anderen Kindern zu. Am Nachmittag kommt seine Mutter wieder, um ihn abzuholen. Johann strahlt sie an und fällt ihr in die Arme. Er hält ihre Hand, sie verabschieden sich und verlassen den Raum.

Beispiel

Anna, ein dreijähriges Mädchen, wird jeden Morgen erst spät von ihrer Mutter in den Kindergarten gebracht. All die anderen Kinder ihrer Gruppe sind schon da.

Meistens platzt sie mitten in Projekte oder in das gemeinsame Spiel anderer Kinder. Auch an diesem Tag hört man Anna und ihre Mutter schon von Weitem. Sie laufen den Flur entlang und sind auf dem Weg zum Gruppenraum. Anna zetert und sagt, dass sie nicht in den Kindergarten möchte. Sie klammert sich an die Hand ihrer Mutter. Diese sagt schon etwas gereizt, dass sie doch jetzt loslassen solle. Schließlich muss sie zur Arbeit. Als die Mutter geht, läuft Anna hinterher, fängt an zu weinen und brüllt. Die Mutter schließt die Tür, Anna wird von der Erzieherin zurückgeholt. Sie versucht Anna abzulenken, indem sie sie in das Spiel der anderen Kinder integriert. Anna ist aber nicht in der Lage zu spielen. Ihr stehen die Tränen in den Augen. Es dauert eine gewisse Zeit, bis Anna den Trennungsschmerz »scheinbar« überwunden hat. Am Abend, als Anna von ihrer Mutter abgeholt wird, ist genau das Gegenteil zu beobachten. Anna spielt mit ihrer Freundin in der Puppenecke. Als sie ihre Mutter sieht, bleibt sie davor sitzen. Die Mutter geht auf sie zu. Es scheint, als würde Anna aufgefordert, nach Hause zu gehen. Die Mutter reicht ihr die Hand. Anna ergreift sie und steht auf. Ihr Kopf ist gesenkt und dennoch schaut sie nach oben. Anschließend holt sie aus und haut der Mutter mit der Hand an das Bein.

Auf eine unsicher-ambivalente Bindung weist hin, dass Anna beim Ankommen und bevor die Mutter geht, weint und sich nicht leicht trösten lässt. Sie scheint nicht damit zu rechnen, angemessen getröstet zu werden, und verabschiedet sich daher auch nicht von ihrer Mutter. Freude, dass dieMutter wieder da ist, steht neben einem unabhängig wirkenden Ignorieren der Mutter und einem strafenden Abweisen.

Aber Vorsicht beim Verallgemeinern! Es ist nicht selten, dass einem Kind die Trennung von den Eltern schwer fällt, noch dazu wenn es zu spät kommt (und sich dabei vielleicht vorher noch beeilen musste). Nachmittags ist Anna vielleicht nach einer längeren Zeit der Unglücks mitten in einem Spiel, als die Mutter kommt. Jetzt stört das Wiederkommen. Hier kommt es darauf an, ob mehr auf den aktuellen Konflikt oder die (Bindungs-)Struktur geachtet wird – und ob das Verhalten regelmäßig auftritt.

Beispiel

Der vierjährige Samuel wird morgens um 7:30 Uhr von seiner Mutter in den Kindergarten gebracht. Zwei seiner Freunde befinden sich schon in der Spielecke des Gruppenraumes. Die Mutter hat einen neuen Schlafanzug von Samuel in der Hand, den sie in sein Fach legt. Nachdem auch die Erzieherin den Jungen begrüßt hat, widmet sich dieser sofort den Jungen. Seine Mutter würdigt er mit keinem Blick mehr. Die Mutter blickt zu ihm hin und sagt:»Tschüs, mein Schatz, ich hole dich heute Abend wieder ab.« Samuel reagiert nicht. Im Gegenteil, er ist mit seinem halben Körper in der Truhe mit den vielen Bausteinen verschwunden. Nachdem die Mutter gegangen ist, scheint Samuel nicht mehr am Spielen interessiert. Er blickt vor sich hin, legt die Bausteine, die er noch in seinen Händen hat, vor sich ab, steht auf und setzt sich auf die Couch. Die Erzieherin sieht den plötzlichen Spielabbruch, wendet sich Samuel zu und fragt, was los sei. Daraufhin sagt er seufzend: »Nichts.« Die Erzieherin registriert die Traurigkeit in seinem Ausdruck und möchte ihn trösten. Samuel steht auf und geht.

Samuel zeigt eine unsicher-ambivalente Bindung; er ist eines der Kinder, die schon relativ früh in den Kindergarten gebracht werden und sehr spät wieder abgeholt werden. Während andere Kinder sich auch mal über die Tatsache freuen können, Mittagskind zu sein, muss Samuel jeden Tag im Kindergarten schlafen und zusehen, wie viele Kinder seiner Gruppe vor ihm abgeholt werden. Samuel ist traurig, als er von seiner Mutter in den Kindergarten gebracht wird. Die schnelle Exploration vor dem Abschied der Mutter ist ein Mittel zur Bewältigung dieses Gefühls, sie ist kein angstfrei erkundendes Spielen.

Aber Vorsicht beim Verallgemeinern: Unabhängig von ihrer Bindungskategorie sind Kinder von Spielsituationen oder Spielzeugen fasziniert und wollen sofort anfangen zu spielen. Dabei kann die Verabschiedung von der Bezugsperson kurzzeitig vergessen werden. Mutter oder Erzieherin können dem Kind in einer solchen Situation kurz sagen, dass die Bezugsperson jetzt geht. Damit kann auf die bevorstehende Trennung aufmerksam gemacht werden. Kindern fällt oft plötzlich kurz nach dem explorativen Erkundungen im Raum auf, dass die Mutter nicht mehr da ist. Das ist ein Schreck, der Spiel und Exploration vorübergehend hemmt.

Beispiel
Eva, ein dreijähriges Mädchen wird »eingewöhnt«. Bereits am zweiten Tag in der Einrichtung spielt sie allein im Gruppenraum, die anderen Kinder sind bei der Erzieherin in der Kuschelecke. Beim Versuch, mit ihr Kontakt aufzunehmen, antwortet sie nicht, sondern geht weg und spielt ruhig weiter. Es ist unüblich, bereits am zweiten Tag eine Trennung von der Mutter zu versuchen. Bei Rita bietet sich das aber an. Sie macht auf die Erzieherin keinen angestrengten Eindruck. Der Trennungsversuch verläuft dann tatsächlich »gut«. Eva zeigt kein Bindungsverhalten, sondern spielt weiter. Auch bei der Rückkehr der Bindungsperson zeigt sie sich wenig beeindruckt. Es scheint, als würde ihr die neue Situation und die Trennung von den Eltern keine Schwierigkeiten bereiten.

Dieses Mädchen mit unsicher-vermeidender Bindung lebt schon seit längerer Zeit in einer sozialpädagogischen Wohngruppe, weil sich die Mutter nicht mehr um sie kümmern kann. Mit dem Einstellen eines bindungssuchenden Verhaltens erkauft sich Maria eine gewisse Sicherheit – mehr als sie in einem Sich-Verlassen auf unterschiedliche Personen gewinnen kann. Unglücklicherweise trägt dieser Bewältigungsversuch dazu bei, dass weitere Überforderungen eintreten und nicht als solche erkannt werden.

Neben diesen drei klassischen Bindungsmustern wird ein vierter Typ beschrieben, das desorganisierte Bindungsverhalten, das mit einer Störung des Bindungsverhaltens einhergeht. Anders als bei den drei genannten Mustern gelingt es hier Kind und Mutter nicht, Sicherheit über die Reaktionen des anderen zu gewinnen und sich darauf einzustellen.

Beispiel
Am späten Nachmittag wird die zweijährige Josefine von ihrer Mutter im Kindergarten abgeholt. Als die Mutter eintrifft, spielt das Mädchen mit zwei weiteren Kindern mit Bausteinen. Die Mutter steht an der Tür und ruft ihre Tochter. Diese blickt kurz hinüber, reagiert aber nicht. Schnell wendet sie ihren Blick wieder auf die Bausteine. Die Erzieherin geht zu den Kindern und sagt zu Josefine: »Komm, die Mami wartet.« Sie reagiert nicht. Der Mutter ist es sichtbar unangenehm. Die Erzieherin nimmt Josefine daraufhin hoch und trägt sie auf dem Arm zur Mutter. Josefine erstarrt, ihr Körper ist extrem angespannt. Es scheint, als hätte sie Angst vor ihrer Mutter.

Diese *Bindungsstörung* zeichnet sich durch subtile Widersprüche im Verhalten des Kindes aus, wie etwa Annäherung mit abgewandtem Kopf oder kurzes Erstarren auf dem Weg zur Bindungsperson. Bei dieser Störung liegt ein mehr oder weniger langer Zusammenbruch von Aufmerksamkeits- und Verhaltensstrategien bei Kindern vor, die ihre Orientierung auf die Bindungsperson hin verloren haben. Diese Kinder zeigen auf der physiologischen Ebene die höchsten Indikatoren von Stress. Mutter – und andere Bindungspersonen – sind zugleich ein Ort der Sicherheit und der Gefahr. Manchmal entstehen Bindungsstörungen als Folge physischer oder psychischer Misshandlung von Kindern durch eine Bindungsperson oder durch wiederholte Trennungen mit dem Abbruch von Beziehungen.

Beispiel
Jenny (sechs Jahre alt) trägt ihre Puppe durch den Gruppenraum und wiegt sie zärtlich in ihren Armen. Sie fühlt sich unbeobachtet und fängt an, mit ihrer Puppe zu sprechen. Es wirkt so, als wäre sie für alle anderen unsichtbar. Sie sagt: »Ich werde dich nie vergessen und verkaufen. Werde dich nie wegschmeißen, auch

wenn ich erwachsen bin, habe ich dich noch lieb. Ich werde auch nie deine Sachen wegschmeißen.« Sie wickelt ihren Schal um sie, berührt sie vorsichtig und spricht weiter: »Ich hab mein Herz an dir, Ich hab dich lieb für mein ganzes Jahr«, bettet ihre Worte in eine Melodie und küsst die Puppe. »Ich werde dich für immer lieb und gut halten. Wie du auch immer sein wirst, ist mir voll egal. Ob du hässlich bist oder nicht. Auch wenn du stirbst, ist mir egal, ich werd' dich immer behalten.« ... »Leb wohl, mein Kind! Leb wohl, mein Kind! ... Jetzt bist du eingeschlafen.«

Jenny erzählt mit diesem Spiel etwas aus ihrem Leben. Sie wurde als drei Monate altes Baby von ihrer Mutter getrennt und in eine Pflegefamilie gegeben. Ihre Mutter sagte, sie sei nicht in der Lage, sich um Jenny zu kümmern, und habe es nicht geschafft, ihr Kind liebzugewinnen. Sie habe Jenny schon in der Schwangerschaft als etwas Bedrängendes, Lästiges angesehen. Jenny pendelte dann wiederholt zwischen einer Pflegefamilie und ihrer Mutter hin und her. Sie schafft es bis heute kaum, zu anderen Kindern Beziehungen aufzunehmen und gemeinsam mit anderen zu spielen. Im Gespräch mit ihrer Puppe werden ihre Ängste und Wünsche deutlich, sicher gehalten und geliebt zu werden.

Die Bindungstheorie hat eine hohe Bedeutung für die Arbeit in Krippe, Kindergarten und Hort bekommen. Auch in der Schule können bindungstheoretische Überlegungen hilfreich sein. Sie ist als Theorie deshalb so einleuchtend, weil Verhalten der Kinder beobachtet werden kann. Pädagogen und Psychotherapeuten sind hier nicht allein auf ein Verstehen der subjektiven Welt des Kindes angewiesen. Sie können Verhalten klassifizieren und daraus gut nachvollziehbare Schlüsse ziehen.

Wichtiger Verdienst der Bindungstheorie ist ihr Hinweis auf die Notwendigkeit von Bindungspersonen – bei Kindern und auch im späteren Leben von Erwachsenen. Kinder benötigen in den ersten Tagen in Krippe oder Kita ihre Bindungsperson, um sich in der neuen Situation zurechtzufinden und dann neue Beziehungen aufzubauen. Erst wenn die Erzieherin auch eine »sichere Basis« für das Kind darstellt, kann das Kind sich gut in der neuen Umgebung zurechtfinden. Die Eingewöhnung eines Kindes ist eine emotionale und zeitliche Belastung – auch für Mutter und Erzieherin. Sie kann durch äußere Konflikte (z. B. mit dem Arbeitgeber der Mutter) gestört werden. Innere Konflikte der Mutter (z. B.: »Möchte ich wirklich, dass mein Kind eine Bindung zu einer anderen Person aufbaut?«, »Kann ich mit der Konkurrenz der Erzieherinnen und deren Wissen umgehen?«, »Kann ich die zeitweilige Trennung von meinem Kind – schon – vertragen?)« und innere Konflikte von Erzieherinnen (z. B. um Rivalität mit der Mutter oder um Sachfragen oder die bessere Bindung) können die Eingewöhnung eines Kindes zusätzlich erschweren.

6.3 Regression – die Vergangenheit in der Gegenwart

Vergangene Erfahrungen, die mit ihnen verbundenen Wünsche und Erlebnisse, werden beim Lernen nicht gelöscht. Sie bleiben erhalten und stehen neben neu Gelerntem weiterhin zur Verfügung. Das hat seine erholsamen und schönen Seiten: selbst wieder ein Kind sein können im Spiel mit anderen Kindern. Die Fähigkeit, zu eigenem kindlichen Erleben zurückkehren zu können, wird zum Verstehen von Kindern gebraucht. Sie ist notwendig, um spielen und in Kontakt kommen zu können. Gerade beim Arbeiten mit kleinen Kindern ist ein intuitives Wissen darum, was ein Kind wünscht und wie es sich fühlt, notwendig. Es resultiert aus einem inneren Kontakt mit dem Erleben des Kindes – aus der Fähigkeit, selbst immer wieder probeweise »Kind zu sein«, auf kindliche Erlebens- und Verhaltensweise zurückzukehren, zu »regredieren«.

Dies gelingt in der professionellen Arbeit nicht immer gleich gut. Oft können ältere Kinder helfen, kleinere zu verstehen – einem Vierjährigen ist das Erleben eines 18 Monate alten Kindes manchmal näher und besser verständlich als einem Erwachsenen, auch wenn dieser feinfühlig und ausgeruht seiner Arbeit nachgeht. Eine solche Regression »im Dienste des Ich« macht Spaß, fördert Kreativität und Beziehung.

Beispiel
Betreuerinnen und Betreuer spielen in einem Ferienlager mit den Kindern Fußball in gemischten Mannschaften. Von Tag zu Tag wird das Spiel ernster und mit mehr und mehr Emotionen verbunden. Die Betreuerinnen schildern, wie sie geschrieen, geflucht, über Fehlentscheidungen diskutiert haben, schadenfroh waren und sangen wie die Kinder: »Ich versuchte sogar mal zu schummeln, was mir eine Verwarnung einbrachte.«

> **Frage**
> Was hilft Ihnen, in ein vergleichbares regressives Erleben zu gelangen? Was behindert sie dabei?

Entwicklungspsychologische Modelle werden vor allem dann hilfreich, wenn der Begriff der Regression verwendet wird. Innerhalb einer Regression fördernden Situation gehen eigentlich vorhandene Fähigkeiten verloren oder werden vorübergehend außer Kraft gesetzt. Stattdessen wird auf früher erworbene, vertraute Bewältigungsstrategien zurückgegriffen. In regressiven Situationen werden Beziehungsmuster besonders deutlich, die sonst durch andere, »reifere« oder »erwachsenere« Muster überdeckt sind, aber doch ihren Einfluss haben. Ein starker Auslöser für regressives Verhalten ist das gemeinsame Erleben in Gruppen, in denen sich die Mitglieder als Teil eines übergreifenden Ganzen erleben – z. B. bei großen Konzerten oder Fußballspielen. Die Teilnehmer werden – in mancher Hinsicht – wieder »wie die Kinder«.

Beispiel

In einem Seminar zur Verbesserung der Feinfühligkeit im Umgang mit kleinen Kindern (nach der Entwicklerin dieser Seminare »Paulina-Kernberg-Seminar« genannt) finden die Studierenden eigene Spielzeuge aus ihrer Kindheit, Sandkasten und Buddeleimer, ein Dreirad, einen Roller und ein Auto vor. Puppenecke, Spielzeugladen, eine Leseecke und eine Bauecke mit vielen Bausteinen sind vorbereitet. Sie sollen sich gemäß ihren Interessen mit dem dargebotenen Spielzeug beschäftigen. Zunächst benehmen sich die Studenten verhalten und können sich noch nicht auf das Spiel einlassen. Nach kurzer Zeit sind alle mit dem Spielen beschäftigt. Auffällig ist nun, dass die Studenten in einer piepsigen Stimmlage miteinander reden – so wie Kinder. In der Bauecke haben zwei Studenten einen hohen Turm gebaut. Einige Meter neben ihnen spielen zwei Studentinnen mit einem Ball. Sie kichern, blicken zu den »Jungen« hinüber, flüstern sich etwas zu und nicken. Daraufhin wirft eine von ihnen den Ball auf den Turm, der daraufhin zusammenfällt. Die »Mädchen« freuen sich, während die Jungs Rache schwören. Nach dem mehrmaligen Umwerfen eines Turmes werden die »Baumeister« erst böse und dann hilflos traurig. Nachträglich finden sie es erstaunlich, dass »so eine Lappalie« so starke Gefühle in ihnen auslöst. Die Studierenden vermuten, dass die von ihnen betreuten Kinder ähnlich heftige Gefühle von Wut und Verzweiflung empfinden – selbst wenn es nur um die wiederholte Zerstörung eines Bauwerks geht.

In einem solchen Spiel – also in Abhängigkeit von einer äußeren Situation – werden Verhaltens- und Erlebensmuster aktiviert, die in einer anderen Situation so nicht mehr vorkommen. Diese »Regression« kann für Lernprozesse genutzt werden. Zum Verstehen des Nutzens regressiver Prozesse trägt Wissen über die biologische Entwicklung des Gehirns von einfachen Strukturen hin zu komplexeren Strukturen bei. Lernen schafft veränderte Strukturen innerhalb des Gehirns. Alte Verknüpfungen bleiben aber in der Regel erhalten und werden in bestimmten Situationen aktiviert. Sie können dann das Verhalten von Lehrerinnen und Erzieherinnen bestimmen. Das eigene Erleben solcher Situationen aus der Perspektive des Kindes und mit der Möglichkeit, diese Erfahrungen zu reflektieren, trägt zu einem feinfühligen Umgang mit Kindern bei.

Auch unglückliches, nicht funktionales interpersonelles Verhalten Erwachsener kann vor dem Hintergrund früherer Erfahrungen verstanden werden. Naheliegend ist das z. B. im Konzept der Bindungstheorie: Erfahrungen mit Sicherheit in der Beziehung zu den Eltern werden auf andere emotional wichtige Beziehungen übertragen, besonders deutlich auf Partnerschaften. Ein Sich-Verstricken in dichten, ambivalenten, immer wieder bedroht wirkenden Beziehungen oder aber ein Vermeiden des Zeigens von emotionaler Beteiligung in Liebesbeziehungen ist vor diesem Hintergrund gut verständlich – und in einer neuen Situation möglicherweise nicht »funktional«. Was »damals« hilfreich war, führt heute zu unglücklichen Interaktionen. Als eine unter den Bedingungen des Aufwachsens ursprünglich adaptive Anpassungsleistung kann ein solches Verhalten verstanden, anerkannt und verbalisiert werden.

Dies gilt nicht nur für die – vergleichsweise gut beobachtbaren – Bindungsmuster in Partnerschaften sondern auch für professionelle Interaktionen in der pädagogischen Arbeit. Es ist hilfreich, sich hier auch »selbstverständlich« gewordene Reaktionsmuster anzusehen, die in der Arbeit mit Kindern wiederholt auftauchen. Manche dieser Muster haben eine »therapeutische Begründung« bekommen – etwa die, ungewünschtes Verhalten von Kindern nicht durch Aufmerksamkeit zu verstärken. So wird nicht selten ein feinfühliges Eingehen auf die Bedürfnisse eines Kindes mit den Hinweis verweigert, das Kind wolle ja »nur Aufmerksamkeit«. Interesse an dem Erleben eines Kindes und Versuche, sein möglicherweise noch nicht klares Anliegen verstehen zu lernen, können so als unprofessionell und unpädagogisch angesehen und im Team sanktioniert werden.

Die Überlegung, dass ein Kind mit seinem Verhalten Aufmerksamkeit erzielen wolle, eine Reaktion seines Gegenüber, mag richtig sein. Dennoch greift sie zu kurz, wenn sie nicht mit Interesse daran verbunden ist, warum und wofür das Kind diese Aufmerksamkeit möchte oder braucht. Pädagoginnen und Pädagogen können in einer solchen Situation ihre Haltung auch vor dem Hintergrund eigener Erfahrungen überdenken:

Beispiel

Ein häufiges »Der will ja nur Aufmerksamkeit!« in einer Kita, verbunden mit einem Verweigern von Beachtung für das Verhalten eines oder mehrerer Kinder, hat oft eine Quelle in eigenen Erfahrungen der Erzieherinnen und Erzieher. Mangelnde Aufmerksamkeit oder wenig feinfühliges Eingehen auf eigene Bedürfnisse in der Kindheit der Pädagogen werden in der Beziehung zu ihren Krippen-, Kita- oder Schulkindern wiederholt, wenn sie nicht erinnert werden. Pädagogen vermeiden dann mit einem »Die will ja nur Aufmerksamkeit« auch den Schmerz und die Trauer, die mit einfühlsamerem Verhalten verbunden wären. Ein Wahrnehmen der Bedürfnisse und der Trauer von Kindern verlangt nach der Erinnerung daran, was einem selbst davon gefehlt hat. Eine solche Auseinandersetzung mit eigenen

Wünschen und Bedürfnissen und deren Enttäuschungen (in Kindergarten, Schule oder Familie) kann schmerzen (siehe Kapitel 7 zum Thema »Abwehr« und zum »primären Gewinn« eines Verhaltens).

Mit dem Konzept der Regression lassen sich Einflüsse auf die Entwicklung eines Kindes als erworbene Vulnerabilitäten (Verletzlichkeiten) und Stärken beschreiben. Über- oder Unterforderungen in der Geschichte eines Menschen mit den durch sie bedingten »unerledigten Entwicklungsaufgaben« laden im späteren Leben zu einer Rückkehr auf die mit ihnen verbundenen Entwicklungsstufen ein. Das ist Risiko und Chance. Unglückliche Erfahrungen können sich so leichter wiederholen. Aber auch die Chance, neue und andere Erfahrungen zu machen, wächst. In einer bestimmten Entwicklungsstufe entstandene Störungen können häufig besonders gut bei einer Regression auf diese Entwicklungsstufe gesehen und auch gut behandelt werden. Ein Wechsel von Regression und progressivem Erleben kann helfen, dort anzusetzen, wo Vulnerabilität besteht, und diese über Verbindungen zu progressiven (»stufenweise fortschreitenden«) Konfliktbewältigungsformen zu verringern.

Vor dem Hintergrund der Entwicklung von inneren Strukturen bei Kindern fördern entwicklungspsychologische Konzepte ein Verständnis für die Entstehung von Vulnerabilitäten, Störungen und Stärken. Das Konzept der Regression verbindet dabei die beschreibende Perspektive der Fremdbeobachtung mit dem empathischen Blick auf die Auslöser für Verhalten und Erleben. Es trägt so zu einer flexiblen pädagogischen Haltung bei.

7. Schmerz und Unlust vermeiden: Abwehr und Widerstand

»Abwehr« und »Widerstand« sind ungeliebte Phänomene. Wird von einem Menschen behauptet, er wehre etwas ab, so vermittelt man damit zugleich, dass man etwas besser weiß als er. Wenn dieser Mensch das nicht einsieht, von besseren Wissen eines anderen nichts annehmen will, so ist er letztlich »selbst schuld«, wenn etwas nicht gut läuft, etwa eine Therapie nicht im erwünschten Sinn vorangeht. Er leistet gegen den Fortschritt der Behandlung ja »Widerstand«.

Diese leicht karikierende Darstellung macht deutlich, dass »Abwehr« und »Widerstand« zunächst bei anderen gesehen werden. Als unbewusst ablaufende Mechanismen sind sie im beruflichen und privaten Alltag selten Gegenstand der Selbstreflexion. Bei anderen Menschen fallen sie schneller auf: »Ich sehe viel eher bei meinem Freund, dass er etwas nicht einsehen will, als bei mir!«

Beispiel
Ein in der Psychiatrie arbeitender Arzt bedankte sich nach einer Party beim Gastgeber dafür, dass dieser seine Freundin, die sich gerade von ihm getrennt hatte, nicht eingeladen habe. So sei es ein erster einigermaßen schöner Abend für ihn gewesen! Er mochte es dann zunächst nicht glauben, dass seine ehemalige Freundin die – kleine – Gesellschaft ebenfalls besucht hatte und erst wenige Minuten vor ihm gegangen war. Er hatte sie nicht gesehen.

Die Leistung, einen gemeinsam mit am Tisch sitzenden vertrauten Menschen vollständig zu übersehen, war an dieser Stelle nicht mit einem Gefühl von Stolz über die erfolgreiche Abwehr einer schmerzhaften Wahrnehmung verbunden. Dem Gast war durch seine Arbeit vertraut, dass viele Menschen das »ausblenden« können, was sie in einer bestimmten Situation überfordert oder zu stark schmerzt. Aber selbst an sich zu bemerken, wie unbewusst ablaufende Regulationsmechanismen in die eigene Wahrnehmung eingreifen, erlebte er als beschämend.

Abwehr hat eine wichtige Funktion für die psychische Gesundheit. Sie hilft dabei, Belastungen zu dosieren und die psychische Stabilität zu wahren. Dies geschieht auf unterschiedliche Weise – als Abwehr von Wahrnehmungen aus der Umwelt, als Veränderung der Bedeutung dessen, was wahrgenommen wird und als Umdeutung oder Ausblenden von eigenen Gefühlen. Eine flexible, je nach Situation unterschiedliche Abwehrmechanismen einsetzende und zugleich stabile Abwehr hilft bei der Bewältigung von Konflikten. Sie gewährleistet in Beziehungen das, was gute Bremsen beim Autofahren bieten – Sicherheit. Langfristig geht es mit guten Bremsen schneller voran als ohne. Pädagogen können daher funktionierende Abwehrmechanismen anerkennen und schätzen – und damit zu einer flexiblen Differenzierung von Abwehr beitragen. Dies ist auch eine wichtige entwicklungsfördernde Aufgabe von Eltern im Umgang mit ihren Kindern – z. B. indem »Geheimnisse« von Kindern wertschätzend akzeptiert werden (Geheimnisse bleiben dürfen) oder Projektionen und Verleugnungen respektvoll angehört werden. Auf Aussagen kleiner Kinder wie »Über uns wohnt eine echte Prinzessin!« oder »Wir haben gerade einen großen neuen Mercedes gekauft« können Erwachsene beziehungsorientiert eingehen (z. B. mit »So jemand möchte ich auch mal kennenlernen«, »Mit so einem Auto bin ich noch nie gefahren«, wenn das stimmig ist) statt die Abwehr taktlos zu zerstören (z. B. mit »Du lügst ja, deine Eltern sind doch arbeitslos!«)

Eine flexible »Abwehr« schmerzhafter und unangenehmer Erfahrungen ist hilfreich und in vielen Situationen notwendig. Abwehr kann daher unter dem Aspekt einer Bewältigung von Stress, Schmerz und Unlust betrachtet werden. Die verschiedenen Formen der Abwehr, wie sie bei Kindern zu beobachten sind, verdienen Respekt und Neugier. Als sogenannte »Abwehrmechanismen« werden sie kurz vorgestellt und erläutert (für eine weitergehende Diskussion siehe z. B. König 1996). Verständnis für das Konzept der Abwehr und Kenntnisse der Abwehrmechanismen können Pädagogen helfen, Kinder besser zu verstehen.

Wichtige Abwehrmechanismen

- *Verdrängung*: Wahrnehmungen aus der Umwelt (meist etwas, das man sehen oder hören kann) oder Aspekte der Wahrnehmung des eigenen Selbst (»Binnenwahrnehmung«, z. B. Gefühle oder Erinnerungen) werden »ausgeblendet«. Dies ist die erfolgreichste und zuerst beschriebene Form der Abwehr. Sie wird auch von gesunden Menschen häufig und flexibel eingesetzt. Wünsche und damit zusammenhängende Vorstellungen, Gedanken oder Erinnerungen werden vom Bewusstsein ferngehalten, wenn diese mit anderen Forderungen in Konflikt stehen und daher nicht akzeptiert werden dürfen. »Ich bemerke meine Exfreundin gar nicht, so kann ich den Abend besser genießen und Schmerz vermeiden.«

Beispiel

»Wenn mich Situationen verunsichern und ich nicht weiß, wie ich darauf reagieren soll, schaue ich manchmal weg. Dies geschieht in der Regel automatisch und unbewusst. Klettert ein Kind etwa auf einen Baum und ich bin unsicher, ob ich das Kind weiter klettern lassen soll, damit es diese Erfahrung macht, oder ob ich es bitten soll herunterzukommen, weil es sich verletzen kann, kann ich mich dieser Unsicherheit so entziehen. Ich habe aber die Verantwortung dafür, die Kinder vor Verletzungsgefahren zu schützen. In diesem Zusammenhang stellen Verdrängungen ein Risiko dar, da man die gefährdende Situation ausblendet und nicht handelt.«

Beispiel

Frau Müller hat Schulden und lässt die Mahnbriefe ungeöffnet in einer Schublade verschwinden, weil sie dies nicht wahrhaben will.

- *Leugnung/Verleugnung:* Hier wird die emotionale Bedeutung der Wahrnehmung ausgeblendet, »geleugnet«: »Es ist ganz gleichgültig, dass die Exfreundin da ist. Sie bedeutet mir schon lange nichts mehr.«

Beispiel

»Gerade bei enttäuschenden Situationen merke ich selbst häufig, wie ich die emotionale Komponente leugne und versuche, dies nicht ›an mich ran‹ zu lassen.«

Beispiel

Eine Entscheidung über die Gestaltung des Tagesablaufs wird ohne eine Erzieherin getroffen. Auf die Frage, ob sie mit der Entscheidung einverstanden sei, antwortet sie: »Ja das ist kein Problem. Es stört mich nicht, dass ohne mich entschieden wurde.« Sie wirkt aber bedrückt und arbeitet ohne Begeisterung und auffällig langsamer im Vergleich zu anderen Tagen.

- *Reaktionsbildung:* ein innerer Impuls (z. B. Wut über eine schlechte Behandlung) wird durch ein gegenteiliges Gefühl kontrolliert und ersetzt (z. B. Sympathie). Manchmal ist hier der Impuls ansatzweise bewusst, so dass zur Kontrolle des eigenen Ärgers das gegenteilige Gefühl auf der Verhaltensebene zielgerichtet eingesetzt wird (z. B. als eine betonte, zuvorkommende Freundlichkeit). »Ach, das ist ja schön, dass du auch hier bist.« (zur Exfreundin im oben genannten Beispiel).

Beispiel

Elke fühlt sich zu wenig von ihrem Mann beachtet, wenn Mai und Sebastian, dessen Kinder aus erster Ehe, zu Besuch bei ihnen sind. Er kümmert sich dann nur um die Kinder. Sie spürt kurzzeitig ein Gefühl von Ärger, Eifersucht und Neid. Da die Situation für sie nicht anders lösbar erscheint, ist sie übertrieben freundlich zu den beiden. Sie selbst nimmt Neid und Ärger dann nicht mehr bei sich wahr. Anderen fällt ihr Verhalten aber als »irgendwie unecht« auf. Auch auf Mai und Sebastian hat die Freundlichkeit der neuen Partnerin keine ansteckende Wirkung.

Beispiel

Der vier Jahre alte Johannes wird jeden Tag von seiner Mutter und seinem einjährigen Geschwisterkind vom Kindergarten abgeholt. Häufig versucht Johannes, seine Schwester zu schlagen, schreit sie an, zerrt an ihren Sachen, rüttelt stark am Kinderwagen und tritt mit den Füßen dagegen. Die Mutter wirkt in diesen Momenten oft hilflos. Zunächst bittet sie Johannes, »lieb« zu seiner Schwester zu sein: »So was macht man nicht.« Bleibt er ungehorsam, schreit sie und droht damit, ihn im Kindergarten allein zurückzulassen, wenn er nicht aufhöre, »seine Schwester zu quälen«. Nach einigen Wochen begrüßt er seine Schwester sehr freudig, umarmt und küsst sie, manchmal mit einem sorgfältigen Blick auf die Mutter. Wut über das Vorhandensein seines Geschwisterkindes und der Ärger darüber, nicht die uneingeschränkte Liebe und Aufmerksamkeit der Mutter zu bekommen, wurde von Johannes einige Zeit offen gezeigt. Sein aggressives Verhalten der Schwester gegenüber verursachte bei der Mutter wiederum Wut und Hilflosigkeit, die sie Johannes spüren ließ. Für Johannes ist dies eine Bedrohung. Er ist auf die Zuneigung seiner Mutter angewiesen. Die Wut über die Schwester wird ersetzt durch ein gegenteiliges Gefühl – übertrieben zärtliche Zuwendung ihr gegenüber.

- *Verschiebung:* Ein Gefühl oder Handlungsimpuls wird auf einen anderen oder etwas anderes verschoben, das weniger gefährlich, weniger wichtig oder besser zu vermeiden ist: Der Ärger über die Exfreundin trifft den Hund des Gastgebers (»Mit diesem Köter hier ist es in der Wohnung nicht auszuhalten«). Bei einer Angst davor, allein die Wohnung zu verlassen, wird nicht der Widerstreit zwischen eigenen Wünschen nach Abenteuern und den damit verbundenen Gefahren als Konflikt erlebt, sondern nur eine Angst auf offenen Straßen, vor deren Erleben die eigene Wohnung Sicherheit bietet. Dieser Mechanismus findet sich oft bei Kindern, etwa wenn der Teddy für etwas gestraft wird, statt der – gefährlichere – Vater. Auch in der pädagogischen Arbeit kommt Verschiebung nicht selten vor. Wünsche und Bedürfnisse, die dort, wo sie entstanden sind, nicht gelebt werden können, werden an einer anderen Stelle und mit einem anderen Beziehungsobjekt gelebt.

Beispiel

»In meinem Kindergarten habe ich beobachtet, wie ein dreijähriges Mädchen am Mittagstisch von einer Kollegin ständig ermahnt wurde, doch ›richtig‹ zu essen. Das Mädchen wurde zunehmend lustloser und wirkte eingeschüchtert. Wenige Stunden später sah ich das Mädchen in der Puppenecke sitzen und laut schimpfen. Sie war gerade dabei, eine Puppe zu füttern, und nahm hierfür die Rolle der ›bösen‹ Erzieherin ein.«

Beispiel

Frau B. arbeitet in einem Hort. Sie sorgt sich um ihre kranke Schwiegermutter, besucht sie regelmäßig, hat kaum noch Freizeit und schläft oft wenig, weil sie auch nachts ans Krankenbett gerufen wird. Von ihrem Mann hat sie wenig Unterstützung. Der fünfjährige Jan ist erst vor kurzem neu in ihre Gruppe gekommen. Er streitet sich viel mit anderen Kindern. Jan sitzt mit Ben am Tisch. Er hebt seinen Teller, als Ben ihm mit der Hand so dazwischen fährt, dass Jan den Teller auf den Tisch zurückfallen lässt. Der fällt auf den Teller von Ben und dieser geht mit lautem Knall in Stücke. Alle erschrecken sehr. Frau B. regiert heftig: »Was war denn das??? Jetzt hast du auch noch den Teller kaputt gemacht. Wie hast du das denn geschafft? Jetzt ist der Teller kaputt. Hast du das extra gemacht?? Schau mich an, hast du das extra gemacht???«

Jan bittet bedrückt um Entschuldigung, steht auf und holt Kehrblech und Kehrschaufel. Frau B. sagt »Nein, lass mich das wegmachen, du schneidest dich ja nur!« und räumt die Scherben auf. Jan sitzt immer noch still und bedrückt am Tisch. Frau B. setzt sich wieder hin und sagt: »Das war gerade so laut, ich habe richtig einen Schock bekommen, als du den Teller runtergeschmissen hast! Alle anderen sind auch total erschrocken! Wer ist noch so wie ich erschrocken?« Viele Kinder melden sich. »Wieso musst du auch immer so viel Quatsch machen. Das hast du davon, dass du immer so herumzappelst!

Frau A. eine Kollegin von Frau B., hat die Situation beobachtet. Sie ist von der heftigen Reaktion überrascht. So kennt sie Frau B. gar nicht! Sie weiß, daß sich Frau B. um ihre Schwiegermutter kümmert und dass sie dabei wenig Unterstützung hat. Sie vermutet, dass ihre Kollegin aufgrund ihrer Lebenssituation besonders belastet ist und Wut über ihren Ehemann, der ihr nicht hilft, auf Jan verschoben hat. Ihrem Ehemann gegenüber kann sie nicht gut Wut zeigen, ohne die Anspannung in der Familie weiter zu steigern. Wut auf ihre Schwiegermutter kann sie nicht ausleben, da sie ja weiß, dass diese nichts für ihre Pflegebedürftigkeit kann. Ärger auf die kranke Schwiegermutter macht ihr ohnehin ein schlechtes Gewissen. So kommt ihr angestautes Gefühl in einer Situation zum Ausdruck, die ungefährlich ist. Dass Jan als »Problemkind« angesehen wird, trägt mit dazu bei, dass er wenig Unterstützung erhält und sich Ärger an ihm festmacht – auch nachdem er sich zu entschuldigen versucht hat.

- *Isolierung* »aus dem Zusammenhang« und *Isolierung vom Affekt:* Aspekte des Verhaltens oder Erlebens werden realitätsgerecht wahrgenommen, aber nicht in einen Zusammenhang mit der eigenen Geschichte gebracht (der Gast denkt etwa: »Komisch, das macht mir was aus, diese Frau – die Exfreundin – jetzt zu sehen«) oder sie werden vom Affekt getrennt (Gast: »Wenn ich meine Ex sehe, macht mir das trotz der vielen gemeinsamen Erlebnisse gar nichts aus«). Das Auseinanderhalten eigentlich zusammengehörender Aspekte verhindert ein Bewusstwerden von unlustvollen Empfindungen (»hat nichts damit zu tun«). Die Isolierung vom Affekt ist die Trennung von Inhalt und begleitender affektiver bzw. emotionaler Tönung. Hier kann der Inhalt eines Gedankens erinnert werden, die damit einhergehende affektive Reaktion jedoch nicht.

- *Introjektion* und *Identifizierung:* Identifizierungen sind ein wesentlicher Aspekt der Gestaltung von Beziehungen. Der Verlust einer anderen Person wird dadurch ausgeglichen, dass dieser ganz oder in einzelnen Eigenschaften in die innere Welt der Person aufgenommen wird, die den Verlust erleidet. Damit steht die Person – oder Erfahrungen mit ihr – unabhängig von deren aktueller Präsenz zur Verfügung. So kann sich ein Mensch bei einem blamablen Missgeschick an die inneren Bilder seiner Eltern wenden und an die mit ihnen gemachten Erfahrungen – »Die würden mich trotzdem mögen!« oder aber »Die würden mir so etwas nie verzeihen!«. Unser Gast könnte – wenn es gut läuft – ein Stück der Tatkraft seiner Exfreundin übernehmen und für eine neue Beziehung nutzen. Als Abwehrmechanismus wird Introjektion meist im Zusammenhang mit Trennungen genannt. Trennungsschmerz wird gemindert und Beziehung erhalten, wenn der andere ein Teil der eigenen Person wird. Identifizierungen mit anderen – wie in dem Beispiel mit der stützenden Funktion der Eltern – werden zu mehr oder weniger bewussten und innerlich bejahten Aspekten des eigenen Selbstbilds (»Ich hatte Eltern, die immer zu mir gestanden haben, daher bin ich mutig und kann Misserfolge in Kauf nehmen. Es wirft mich nicht um, wenn ich Fehler mache«). Mit »Introjektion« werden

Verinnerlichungsprozesse bezeichnet, die eine andere Person oder Erfahrungen mit ihr »unverbunden« mit dem bewussten Selbstbild in die innere Welt aufnehmen (»Wenn ich etwas verbocke, kann ich mir das nicht verzeihen. Ich weiß nicht, warum das so ist, finde das aber eigentlich selbstverständlich«). Identifizierungen und Introjektionen sind bei der Entwicklung des Über-Ich von großer Bedeutung (Ein Schüler in der zweiten Klasse berichtet ungläubig und empört seinem Onkel: »Da gibt es Kinder, die machen ihre Schulaufgaben nicht!!«).

– *Wendung gegen die eigene Person:* Dieser Abwehrmechanismus beschreibt eine Folgewirkung von Introjektionen. Selbstvorwürfe treten an Stelle von Angriffen gegen andere Menschen, die geschont werden, um die Beziehung zu ihnen nicht zu gefährden. Dies kann auch dann noch geschehen, wenn die Personen, gegen die sich Wut und Enttäuschung richten, schon gestorben sind.

Beispiel

Aggressive Vorstellungen mit Wut und Enttäuschungen gegenüber einer schon vor längerer Zeit verstorbenen Mutter können zu Selbstvorwürfen führen. Das innere Bild einer guten Mutter, auf das sich ein Mensch angewiesen fühlt, soll nicht gefährdet werden. Mit der Wendung von Wut und Enttäuschung gegen die eigene Person werden Bindungsbedürfnisse (an die Mutter bzw. das innere Bild von ihr, die Erinnerung an sie) über eigene Autonomiewünsche gestellt. Der Preis für die ungetrübt harmonische Erinnerung an die Mutter ist die wütende Entwertung der eigenen Person.

Dieser Abwehrmechanismus ist für manche Formen von Depression typisch: »Ich bin es nie wert gewesen, dass so eine tolle Frau sich um mich gekümmert hat.« Oder bei Kindern: »Ich bin es nicht wert, dass Mutter sich liebevoll um mich gekümmert hat.«

– *Identifizierung mit dem Angreifer:* Über einen – inneren – Rollentausch bietet die Identifizierung die Möglichkeit, aus einer Position der Ohnmacht in eine Position der Macht zu wechseln und so Ohnmachtserfahrungen zu bewältigen. Der von der Freundin verlassene Gast (aus dem Beispiel oben) verlässt in Zukunft andere Frauen. Das geschlagene Kind schlägt andere, wenn es groß genug dafür ist.

Beispiel

Anne wurde von ihrem Vater verlassen, seitdem geht sie viele oberflächliche Beziehungen zu Männern ein und bricht diese prompt ab, wenn es ernster wird.

- *Projektion:* Mit diesem Abwehrmechanismus werden Vorgänge beschreiben bei denen eigene Gefühle und Handlungsimpulse anderen Menschen zugeschrieben werden, z. B. weil sie mit eigenen Normen kollidieren. »Projektion ist das Verfolgen eigener Wünsche in anderen.« »Meine Ex wäre nie gekommen, wenn sie gewusst hätte, dass ich hier bin. Sie ist so wütend auf mich, das erträgt sie gar nicht!« Ausgeprägte projektive Abwehr wirkt auf Außenstehende belustigend. Sie bietet sich für die Konstruktion von Witzen an: »Dass meine Nachbarin so nachtragend ist, dass vergesse ich ihr in hundert Jahren nicht!«

Beispiel

Eine Schülerin ist in ihren Lehrer verliebt. Als dieser ihre Liebe nicht erwidert, erzählt sie herum, er habe sie »angemacht« und sei in sie »verknallt«.

Beispiel

Eltern sagen ihren Kindern, wie müde diese doch nach einem Familienausflug seien. Sie sollen schnell ins Bett gehen.
   In diesem zweiten Beispiel bleibt offen, ob die Eltern tatsächlich glauben, dass ihre Kinder müde sind (die Kinder haben auf der Rückfahrt geschlafen; müde sind die Eltern, die ins Bett möchten: Projektion) oder ob die Eltern wissen, dass die Kinder nicht wirklich müde sind, aber darauf hoffen, noch ein wenig Zeit für sich zu haben, wenn die Kinder rasch ins Bett gehen (Suggestion).

- Die *projektive Identifizierung* ist ein komplexer Abwehrmechanismus. Hier werden innerpsychische und interpersonelle Vorgänge kombiniert, mit denen ein Gegenüber (unbewusst) so beeinflusst wird, dass es bestimmte Erwartungen erfüllt. Negative Selbstanteile (z. B. starke Wut) werden erst abgespalten, dann auf das Gegenüber projiziert – das Gegenüber identifiziert sich unbewusst mit den abgespaltenen, projizierten Anteilen und handelt so, wie es der Erwartung entspricht (z. B. aggressiv). Durch Externalisierung unangenehmer und unerträglicher Selbstanteile werden so innere Konflikte in der Außenwelt inszeniert, um das innerpsychische Gleichgewicht aufrechtzuerhalten, was jedoch die Beziehungen zu anderen Menschen stark belasten kann. Person B (z. B. Therapeut) wird von Person A (z. B. Patient) mit eigenen abgewehrten Handlungsimpulsen oder Gefühlszuständen so »projektiv identifiziert« (durch nonverbale Interaktion so beeinflusst), dass sich Person B tatsächlich so fühlt, wie ihn Person A erlebt – z. B. selbst den Impuls fühlt, Person A sadistisch zu quälen, so wie das früher ein Onkel von Herrn A. tat.

Person B wird sich als Therapeut über die in ihn projizierten und ihm sonst unvertrauten Gefühle möglicherweise wundern. Häufig sind dies unangenehme, ja quälende Gefühls- und Spannungszustände. Dieser Abwehrmechanismus beinhaltet in der Regel einen Rollentausch – die Wiederholung einer vergangenen Beziehung mit vertauschten Rollen – sodass sich Therapeuten oder Pädagogen in der Rolle des Kindes wiederfinden. Für die Behandlung von Patienten, die über emotionale Erfahrungen nicht gut sprechen können, ist dieser Abwehrmechanismus effektiv nutzbar. Therapeuten lernen hierüber einen professionellen Umgang mit unangenehmen, schwer erträglichen Affekten. Das Verstehen dieses Vorgangs erleichtert es, Patienten diese unangenehmen Affekte nicht »heimzuzahlen«. Stattdessen kann Empathie entstehen. Therapeut: »Jetzt lassen Sie mich etwas von dem spüren, wie Sie sich damals gefühlt haben.« Für die Arbeit mit schwierigen Jugendlichen kann das Verstehen dieser Form von Abwehr entscheidend wichtig für ein Aufrechterhalten von Beziehungen sein.

Beispiel
Ich bin wütend auf meinen Freund, frage aber ihn, warum er denn so wütend ist. Er ist irritiert (weil er nicht wütend war) und reagiert auf diese Anschuldigung mit Wut.

Beispiel
»Einmal hat mich ein Junge im Hort (ca. 7–8 Jahre) so gereizt, weil er trotz mehrmaliger Aufforderung, andere Kinder nicht zu schlagen und zu treten, erst recht weitergemacht und Kinder grundlos geboxt und getreten hat. Er fand es lustig und ich schätze, er wollte mich damit ärgern. Um die anderen Kinder zu schützen bin ich ihm hinterher gerannt, um ihn aufzuhalten. Er lief in den Hof, war viel schneller als ich. Ich schrie ihm hinterher. Die Wut stieg in mir hoch und ich wunderte mich plötzlich über mein Verhalten und meine Gefühle. Ich war in dieser Situation wie ein kleines Kind geworden, das auf sein Spiel reagierte. Diese Wut kenne ich sonst nicht von mir.«

- Auch *Regression* (siehe Kapitel 6.3) kann als Abwehrmechanismus eingesetzt werden. Sie kommt bei Kindern häufig vor. Oft bildet sie sich mit einer ausreichend feinfühligen Bezugnahme spontan zurück.

Beispiel
Maria hat ein Geschwisterchen bekommen. Sie ging schon selbst aufs Klo, nässt jetzt aber wieder ein.

Weitere Abwehrmechanismen

- *Somatisierung:* Ein Konflikt wird nicht in seiner eigentlichen Gestalt wahrgenommen, sondern als körperliche Beschwerden. Kinder drücken Affekte zunächst häufig als etwas Körperliches, z. B. als Unwohlsein oder Bauchschmerzen, aus.

Beispiel
Die elf Jahre alte Marion will nicht zur Schule, sie hat Angst vor der Klassenarbeit und »Bauchweh«.

Beispiel
Frank, fünf Jahre alt, hat Angst um seine depressive Mutter und mag sie nicht allein lassen; seine Mutter fühlt sich auf Frank als ihren »Lebenssinn« angewiesen und kann die zeitweise Trennung durch den Kindergarten nur schwer ertragen. Frank hat immer wieder Kopf- und Bauchweh, bleibt zu Hause und wird dort gepflegt und mit Medikamenten behandelt. Er lernt, dass er »krank« ist.

- *Rationalisierung/Intellektualisierung:* Verpönte Wünsche und Bedürfnisse sowie unangepasste Verhaltensweisen werden verstandesmäßig mit »vernünftigen« Gründen gerechtfertigt, um die wahren Gründe, die man nicht wahrhaben kann oder will, zu vertuschen.

Beispiel
Schwierigkeiten eines Kindes in der Schule, die ein äußerer Beobachter im Zusammenhang mit unglücklichen Beziehungsmustern in der Familie sieht (»Erziehungsfehler«), werden mit der genetischen Anlage des Kindes begründet, die zudem vom Ehepartner herrührt.

- *Sublimierung:* Sozial nicht akzeptierte Handlungsimpulse, Wünsche und Bedürfnisse werden umgesetzt in Leistungen, die erwünscht oder mit Belohnungen verbunden sind und als erstrebenswert anerkannt werden.

Beispiel
Aus Gier wird Wissensdurst und wissenschaftliche »Neugier«, statt Süßigkeiten werden Bücher oder Akten »verschlungen«. Die Beschäftigung mit Gewalt führt zu guten Leistungen in Kampfsportarten oder zu einem Berufsweg als Polizist oder beim Militär, eigenes Unglück in Kindergarten und Schule zum Wunsch nach einem pädagogischen Beruf.

Beispiel

Ein Lehrer, der auf sein besonderes Talent und seinen Einsatz im Umgang mit gewalttätigen Jugendlichen im Knast angesprochen wurde, sagte: »Mit etwas Pech wäre ich auch da gelandet«.

Die verschiedenen Abwehrmechanismen treten im Alltag, in Kindergarten und Schule und in der Beziehung zwischen Patient und Therapeut auf. In Psychotherapien wird ihr Auftreten manchmal als *Widerstand* bezeichnet. Widerstand richtet sich gegen das Fortschreiten einer Behandlung – aber auch gegen ein »unproblematisches« Zusammenarbeiten in Schule, Kindergarten und Hort. Lehrerinnen und Lehrer, Erzieherinnen und Erzieher, Frühpädagoginnen und Frühpädagogen klagen über »widerständige« Kinder. Wie Abwehr im Allgemeinen ist auch Widerstand zunächst etwas Notwendiges. Kinder – anders als Erwachsene – ändern sich gern: Sie wollen wachsen, Neues erleben, ihr Gefühl von sich selbst und das, was sie mit anderen erleben, erweitern. Ihre Identität ist selbstverständlich in Entwicklung, sie ändert sich. Widerstand ist daher gerade bei Kindern etwas Beachtenswertes. Er verdient Neugier und Interesse:

> »Widerstand vor Inhalt ansprechen« – diese in der Psychotherapie hilfreiche Regel gilt auch in der Pädagogik und beim Lernen. Ähnlich heißt es in der Methode der Themenzentrierten Interaktion (TZI): »Störungen haben Vorrang!«

Widerstand ist – wie Abwehr generell – ein aktiver und weitgehend nicht bewusster Prozess. Die Kenntnis von Abwehrmechanismen trägt dazu bei, den primären Gewinn des Einsatzes von Abwehrmechanismen (in der Medizin: »primärer Krankheitsgewinn«), das Vermeiden einer schmerzhaften Wahrnehmung, vom sekundären Gewinn der Schonung (z. B. Schuldvermeidung oder Einnahme einer Krankenrolle) zu differenzieren. Zu vereinfachend werden Widerstand und Abwehr überwiegend im Zusammenhang mit dem »sekundären Krankheitsgewinn« gesehen. Dann wird z. B. beschrieben, dass Kinder mit ihrem Verhalten »nur Aufmerksamkeit« wollen (siehe Kapitel 6.3). Diesem sekundären Gewinn wird eine die »Störung« verursachende (»pathogenetische«) Kausalität zugeschrieben. Eine Not von Kindern braucht nicht mehr beachtet zu werden, wenn »störendem« Verhalten allein die Suche nach Aufmerksamkeit als Motiv zugeschrieben wird.

Ein solcher sekundärer (Krankheits-)Gewinn durch Schonung oder eine sozial definierte Sonderrolle kann ein wichtiger Faktor für das Aufrechterhalten einer Verhaltensauffälligkeit oder Erkrankung sein. Er ist aber keine kausale Erklärung einer Störung. Pädagogen und Therapeuten erhalten sich eine förderliche Haltung von Interesse und Aufmerksamkeit für mögliches Neues, wenn sie den sekundären Krankheitsgewinn in Rechnung stellen, aber für den primären offen bleiben.

Unterscheiden Sie den primären Krankheitsgewinn (z. B. das Vermeiden eines schmerzhaften Gefühls) in einer auslösenden Situation von dem sekundären Krankheitsgewinn der sozialen Rolle – und geben Sie sich nicht mit einer Beschreibung der aufrechterhaltenden Faktoren als »Ursache« eines Verhaltens zufrieden!

Verbunden mit der Frage des Krankheitsgewinnes ist auch die Frage nach dem Respekt vor den gewachsenen Abwehrleistungen. So ist immer zu prüfen, ob ein Kind (oder seine Eltern) von der Einsicht in innere Konflikte profitiert. Die Anpassung an eine schwierige Lebenssituation kann als Leistung anerkannt werden, selbst wenn sie mit dem Preis einer starren Abwehr und vielleicht auch mit Symptomen bezahlt wird. Einsicht in eine zugrunde liegende unbewusste Konfliktdynamik führt nicht notwendigerweise dazu, dass Menschen besser leben können. Hier ist es erforderlich, dass Pädagogen und Therapeuten sorgfältig auf die Signale ihrer Gegenüber achten und Abwehr respektieren. Der Film *Club der toten Dichter* zeigt eine Situation, die der Zuschauer auch unter dem Gesichtspunkt betrachten kann, wie ein Lehrer die Abwehr und die familiäre Konfliktsituation eines Schülers nicht beachtet und so – aus einer unreflektierten Überzeugung heraus, das Richtige getan zu haben – zu dessen Suizid beiträgt.

> **Frage**
> Finden Sie ein Beispiel für den primären (auf das Vermeiden eines schmerzlichen Gefühls gerichteten) und sekundären (mit der Übernahme sozialer Zuschreibungen und Rollen verbundenen) »Gewinn« eines Wiederauftretens von nächtlichem Einnässen bei einem sechsjährigen Mädchen. Das Kind war schon »trocken« (daher jetzt sogenannte »sekundäre Enuresis«). Die Eltern streiten sich seit einigen Wochen so heftig, dass sie auch eine Trennung überlegen.

8. Geschichten laden ein und gestalten Beziehungen

Die etwa 40 Jahre alte Frau K. beendet ein Beratungsgespräch mit einer kurzen Geschichte: »Ich möchte Ihnen da noch etwas aus der letzten Woche erzählen. Mein Mann und ich saßen beim Essen. Er las die Zeitung. Ich sagte: ›Warum unterhalten wir uns nicht?‹ Und er antwortete mir: ›Schlag du ein Thema vor.‹ Ich habe dann gedacht, was ist er nur für ein Ekel …«

> **Frage**
> Was für Überlegungen würden Sie als Beraterin anhand dieser Geschichte anstellen?

Für Psychotherapeuten sind Erzählungen von Patienten über ihre Interaktionen mit anderen Menschen eine Grundlage für Entscheidungen über die Art der geplanten Behandlung und über relevante Ziele. Diese Erzählungen, »Narrative« oder »Beziehungsepisoden« können kurze Darstellungen sein, in denen ein Thema des Erzählers wie in einer Filmszene für den Zuhörer deutlich wird. Wenn sich die Bedeutung von Narrativen nicht erschließt, können Erzählungen als störend, unwichtig oder unsinnig übergangen werden. Beide Gesprächspartner sind daraufhin voneinander enttäuscht.

8.1 Erzählungen, Geschichten, Narrative

Zunächst unverständlich anmutende Erzählungen von Patientinnen haben Sigmund Freud und Josef Breuer in den Jahren vor 1900 in Wien zur Entwicklung einer diagnostischen und therapeutischen Methode des Erzählens, der »freien Assoziation«, geführt. Patienten sollen ihren Einfällen zu Personen, Ereignissen und Dingen völlig freien Lauf lassen, ohne ihre Äußerungen zu »kontrollieren«, auch wenn sie ihnen als unpassend, unangenehm oder unsinnig erscheinen. Hintergrund dieses Vorgehens war die Überlegung, dass ein großer Teil dessen, was ein Mensch denkt, sagt, tut und empfindet durch unbewusste Mechanismmen mitbestimmt wird. »Ich« und »Über-Ich« sorgen dafür, dass schmerzliche Gefühle abgemildert oder vermieden werden und Konflikte mit Ansprüchen der sozialen Umgebung in einem tragbaren Rahmen bleiben. Beim »freien Assoziieren« wird diese Kontrolle tendenziell »bewusst« aufgehoben. Voraussetzung ist eine sichere Umgebung und eine von Vertrauen geprägte Beziehung zwischen Analytiker und Analysand. Mit der Annahme von Kausalität in den »zufälligen« Einfällen ihrer Patientinnen formulierten Freud und Breuer Zusammenhänge zwischen Beschwerden und Aspekten der Beziehungen ihrer Patientinnen. Freud hat diese Erfahrungen für Behandlungen nutzbar gemacht und mit dem Konzept der Übertragung beschrieben. Gegenwärtige Beziehungen werden auf dem Hintergrund vorliegender Erfahrungen wahrgenommen und gestaltet. Das Zusammenspiel von konstitutionellen Faktoren (z. B. ein »schwieriges Temperament« – Was bringt jemand aufgrund seiner genetischen Ausstattung und aufgrund bisheriger Lebensereignisse an Voraussetzungen mit?) und Lernerfahrungen in spezifischen Entwicklungsphasen bestimmt dann die spätere Wahrnehmung und Beurteilung von Beziehungen. Nur ein Teil dieser Sichtweise auf Beziehungen ist einer bewussten Reflexion zugänglich.

Frau K. erzählt im ersten Gespräch neben der Beziehungsepisode mit ihrem Ehemann weitere Narrative mit ähnlichem Inhalt: Sie wünsche sich, dass andere auf sie zugehen, diese anderen wiesen sie zurück, und sie selbst ziehe sich dann enttäuscht und angeekelt zurück.

Sie erzählt diese Geschichten ihrem Psychotherapeuten, damit dieser sich in ihre Situation einfühlen und sie so besser verstehen kann, und stellt sich ihm damit als eine Frau vor, die »immer wieder« solche Situationen erlebt. Aus ihren Erzählungen wurde die Übertragung als ein *zentrales Beziehungskonfliktthema* (Luborsky 1984) bestimmt. Bei Frau K. lautete dieses innere Erwartungsmuster für Beziehungen:

»Ich möchte, dass andere auf mich zugehen. Andere weisen mich aber zurück und überlassen mir die Arbeit. Ich ziehe mich dann enttäuscht und andere abwertend zurück.«

Dieses interpersonale Muster in ihren Alltagsbeziehungen trug zur depressiven Symptomatik von Frau K. bei. Es ist Teil ihres impliziten Wissens. Als solches kann es nicht vollständig vom Erzähler selbst benannt und nicht über Fragebogen bestimmt werden, fließt aber in Bewegungen, Haltungen und in Interaktionen mit anderen Menschen ein. Die affektive Einordnung neuer Erfahrungen erfolgt auf dem Hintergrund dieses Musters unbewusst und ohne kognitive Reflexion mit einem Gefühl der Gewissheit, einem »so ist die Welt«. In emotional wichtigen, zu Regression einladenden Beziehungen werden durchgängige Beziehungsmuster wie dieses deutlicher erkennbar als in Kontakten, die überwiegend von sozialen Normen und Konventionen geprägt werden. Von ihren beruflichen Kontakten mit Kunden erlebt sich Frau K. weniger enttäuscht als von ihrem Mann.

Narrative werden nicht zufällig erzählt. Durch assoziative Verknüpfungen fallen einem Erzähler bevorzugt Geschichten ein, die etwas von seinem Anliegen an das aktuelle Gegenüber, den Zuhörer oder Therapeuten, ausdrücken.

So kann sich ein Therapeut als Zuhörer dieser Beziehungsepisode »Schlag du doch ein Thema vor« fragen, ob der Patientin zu diesem Zeitpunkt gerade diese Beziehungsepisode einfällt, weil sie sich ihm gegenüber zu diesem Zeitpunkt in einem affektiv ähnlichen Muster befindet: Erlebt sie es als Abweisung, dass sie das Gesprächsthema bestimmen muss und ihr Therapeut abwartet, was für ein Thema sie zur Sprache bringen wird? Fühlt sie sich damit verantwortlich für die Aufrechterhaltung der Beziehung und beginnt so, ihr zurückweisendes Gegenüber als »Miststück« zu sehen?

Narrative werden nicht – nur – als Schilderungen realer Begebenheiten aufgefasst, sondern ähnlich wie Träume oder Beschreibungen in projektiven Tests als ein Material, in dessen Ordnung sich in bestimmbaren auslösenden Situationen spezifische intrapsychische Muster darstellen lassen. Dieses aufmerksame Hören auf Narrative und die in ihnen enthaltenen Muster ist etwas, das wir in der Regel spontan durchführen, um uns in Beziehungen zu orientieren. Es ist Teil unseres impliziten Beziehungswissens. Wir machen das oft, machen uns das aber selten klar.

Beispiel

»Zwei- bis dreimal in der Woche mache ich mit Tim (acht Jahre alt) Hausaufgaben: Diesmal hat er die Mathematikaufgabe bereits im Unterricht angefangen zu lösen. Ich bemerke, dass seine Herangehensweise nicht genau der Aufgabenstellung entspricht, und bitte ihn, die Aufgabe so zu bearbeiten, wie es im Aufgabentext verlangt wird. Er besteht jedoch auf seinem Vorgehen. Seine Lehrerin hätte gesagt, er solle das so machen. Ich versuche weiter, ihn zu bewegen, es so zu machen, wie es im Übungsheft steht, und werde ungeduldig, als er nicht darauf eingeht (›Ich möchte, dass du die Aufgabe machst, wie es hier steht, was die Lehrerin gesagt hat, weiß ich nicht.‹) Dann frage ich ärgerlich, warum er nicht auf mich höre. Er sitzt nun vor seinem Heft und schaut irritiert geradeaus. Ich merke, dass ich so nicht weiterkomme und lasse ihn die Aufgabe fortsetzen, wie er sie begonnen hat. Und dann bitte ich ihn, die Ergebnisse mit dem Lineal zu unterstreichen. Dem folgt er zunächst, doch schon bei der nächsten Aufgabe unterstreicht er wieder freihändig. Als er wieder eine Aufgabe gerechnet hat, lege ich ihm gleich das Lineal zum Unterstreichen hin. Er benutzt es jetzt auch. Der Strich ist nicht besonders akkurat. Beim Unterstreichen des nächsten Ergebnisses, ich habe ihm wieder das Lineal hingeschoben, erzählt er mir, dass seine Oma ›wegen jedem kleinen Bisschen‹ mit ihm ›meckere‹. Sie sei eben ›schon alt‹. Ich weiß, dass sie oft mit ihm die Hausaufgaben macht, und fühle mich angesprochen. Hab ich nicht vorhin auch ›gemeckert‹? Jedenfalls war eine Situation entstanden, in der ich meine Forderung gegen seinen Widerstand durchsetzen wollte. Ich hatte mich geärgert, als er nicht auf mich hörte. Tim erinnerte sich an ein Erlebnis mit der Großmutter sicherlich nicht zufällig gerade in diesem Moment. Sein ›Narrativ‹ gibt mir Gelegenheit, über unsere Begegnung nachzudenken.«

Frage
»Welche Bedürfnisse und Wünsche könnten sich in Tims Verhalten ausdrücken?«

8.2 Übertragungen – Neues vor dem Hintergrund alter Erfahrungen

In einem weiten Sinne kann Übertragung als das subjektive Erleben von Bedeutung innerhalb von Beziehungen verstanden werden. Neue Erfahrungen werden dabei auf einer Folie vorangegangener Erlebnisse und Lernvorgänge interpretiert. Eine Einseitigkeit der Erinnerung bestätigt damit die Strukturen, die das Verhalten und Denken des Einzelnen bestimmen, und trägt zu ihrer Wiederholung bei. Übertragung wird als Wiederholung der Vergangenheit in Beziehungen der Gegenwart und als Verzerrung der Realität erkennbar. Erfahrungen werden nicht nur auf Menschen übertragen, sie können sich auch in der Beziehung zu einer Institution einstellen. So können zum Beispiel Kinder, Erzieher oder Praktikanten in einer Kindertageseinrichtung diese Institution wie eine sie beschützende, ihnen Haus, Versorgung (Essen und Geld, Gehalt) und emotionale Kontakte bietende »Mutter« erleben. In einer solchen Institution fühlen sich die Mitglieder dann aufgehoben und geborgen.

Beispiel
»Seit fast zwei Jahren betreue ich regelmäßig einen vierjährigen Jungen. Es dauerte eine Weile, bis wir uns richtig gut verstanden. Heute spielen wir viel miteinander. Wenn ich nicht da bin, spielt Christian am liebsten mit seinem Papa. In letzter Zeit ist es mehrmals vorgekommen, dass mich Christian mitten im Spiel Papa genannt hat. Nach kurzer Zeit hat er das dann gemerkt, gelacht und gesagt: ›Du, ich hab ja

grad Papa zu dir gesagt.‹ Er überträgt also wahrscheinlich seine positiven Erfahrungen vom Spielen mit seinem Papa auf das Spielen mit mir (Übertragungsauslöser). Anfangs fand ich das komisch und wusste nicht recht, wie ich darauf reagieren sollte. Heute aber weiß ich, dass es ihm einfach Spaß macht, mit mir zusammen zu spielen.«

Neue Erfahrungen werden notwendigerweise anhand dessen beurteilt, was bereits erfahren wurde. Eine Einordnung von Erfahrungen in Beziehungen findet aber nicht nur als ein innerpsychisches Geschehen statt. Sie wird auch von verbalen und nonverbalen Signalen begleitet, die eine Person, auf die etwas übertragen wird, veranlassen, diese Übertragung durch ihr Verhalten zu bestätigen. Ängstliche, zurückhaltende Menschen übertragen häufig auf andere Personen eine steuernde Funktion, die diese zunächst gern annehmen, weil sie sich darin geschätzt und anerkannt fühlen. Menschen, die in einer Atmosphäre von Dominanz und Unterwerfung aufgewachsen sind, werden vermutlich auch in ihren aktuellen Begegnungen mit anderen Menschen ein dominantes Verhalten erwarten und fürchten, sich unterwerfen zu müssen (innerpsychischer Anteil). Diese Erwartung führt zu einem Verhalten, das Unterwürfigkeit oder Trotz signalisiert und damit die Person, auf die dieses Muster übertragen wird, dazu veranlasst, tatsächlich mit dominantem oder unterwerfendem Verhalten zu reagieren (interaktioneller Anteil). Auf diese Weise bestätigen sich Übertragungserwartungen und verstärken die ihnen entsprechende Beziehungsmuster. Dies ist ein Grund, warum frühe, in der Kindheit erworbene Beziehungserfahrungen auf die weitere Entwicklung von Beziehungen großen Einfluss haben können (Dornes 2006).

Beispiel

Frau S. wird in einer wissenschaftlichen Untersuchung zu Beziehungsmustern in Partnerschaften aufgefordert, Interaktionen mit ihrem Partner zu erzählen. Sie erzählt eine Folge von Geschichten, in denen sie von ihrem Partnern abgelehnt, schlecht behandelt und geschlagen wurde. Schließlich hält sie inne und faucht den männlichen Untersucher an: »Sie Scheißkerl! Fordern mich auf, solche Geschichten zu erzählen! Haben Sie nicht auch etwas Positives, über das wir reden können?« Der Untersucher fühlt sich hilflos und verärgert; er spürt den Impuls, in einen Machtkampf um die Definition der Situation einzusteigen und die Erzählerin zurechtzuweisen.

Eine andere Probandin schildert eine Reihe von Situationen, in denen sie ihren Mann mit anderen attraktiven, zurückhaltenden, charmanten Männern betrogen habe oder habe betrügen wollen. Schließlich bittet sie darum, die Videokamera abzuschalten und erklärt dem Untersuchenden, wie attraktiv sie ihn fände. Tatsächlich nimmt dieser sie ebenfalls als attraktiv wahr.

Beispiel
Der siebenjährige Karl freut sich nicht auf den Besuch bei seiner Oma. Karl mag seine Oma nicht, sie küsst Karl immer, obwohl dieser das überhaupt nicht mag und ihr das auch zeigt. Was Karl ebenfalls ganz unangenehm findet, ist der mahnende Zeigefinger seiner Oma, wenn diese mit ihm schimpft. Seine Lehrerin in der Schule hat die gleiche Angewohnheit. Wenn sie mit den Kindern schimpft, nimmt sie ihren »mahnenden Zeigefinger« zur Unterstützung. Karl fällt in der Schule durch unruhiges Verhalten auf, was dazu führt, dass die Lehrerin vermehrt mit ihm schimpft und somit seine Abneigung gegen sie immer größer wird. Karl hat seine Abneigung gegen seine Oma auf die Lehrerin übertragen. Innerpsychischer Anteil der Übertragung ist seine Rekation auf »mahnende Zeigefinger«. Der interaktionelle Teil ist sein Verhalten der Lehrerin gegenüber. Es löst in diesem Fall weiteres »Mahnen mit dem Zeigefinger« aus und erhält das Muster gerade dadurch aufrecht.

Die experimentelle Situation in den beiden Interviews illustriert, wie Erzählende und Zuhörer in die innere Dynamik von Erzählungen einbezogen werden. Im Schul- oder Kindergartenalltag sind solche Übertragungsmuster schwerer zu erkennen – meist erst im Nachhinein. Im Beispiel mit Karl zeigt sich das Wechselspiel zwischen innerpsychischen Erwartungen (Erwartungen aufgrund von Erfahrungen mit der Oma) und interaktionellen Anteilen (Karl löst tragischerweise genau das befürchtete Verhalten der Lehrerin aus). Der innerpsychische Anteil berücksichtigt die Interpretation von Erfahrungen auf der Folie der eigenen Lebensgeschichte, der interaktionelle Anteil zusätzlich den Einfluss des Übertragenden auf sein Gegenüber, das über feine Signale dazu gebracht wird, sich in seinem Verhalten dem übertragenen Objekt anzugleichen.

Übertragungen stellen sich in allen menschlichen Beziehungen spontan her. Liebesbeziehungen beginnen in der Regel mit Übertragungen. In Frankreich gibt es dazu das Sprichwort: »Man kehrt immer wieder zu seiner ersten Liebe zurück.«

> **Frage**
> Mit der ersten Liebe ist auch die Mutter oder der Vater gemeint. Wenn Sie über eigene Erfahrungen und die von Freundinnen und Freunden nachdenken – stimmen Sie dem Sprichwort aufgrund Ihrer Erfahrungen zu?

Übertragungen entwickeln sich oft an so genannten »Übertragungsauslösern«, Eigenschaften des Gegenübers, die für den Übertragenden eine Bedeutung haben und zur Aktivierung eines Übertragungsmusters führen. Auslöser für Übertragungen können Ähnlichkeiten mit einer erinnerten Situation sein (der Interviewer im Beispiel oben erinnert die Erzählerinnen an eine Person ihrer Vergangenheit). Je deutlicher und weniger flexibel der Übertragungswunsch, umso geringer müssen Ähnlichkeiten sein, um als Übertragungsauslöser zu wirken. Im Kindergarten können übertragungsauslösende Reize das Aussehen und Verhalten einer Erzieherin sein, ihre berufliche Rolle oder die Einrichtung eines Zimmers. Ihr Einfluss kann spezifische Übertragungen forcieren oder behindern. Das Verhalten von Kindern in einem bestimmten Umfeld kann sich erheblich von dem Verhalten an anderen Orten unterscheiden.

Beispiel

Frau F. arbeitet in einem Kindergarten. Sie erzählt oft von ihrer Enkeltochter und beschreibt sie als »kleine Prinzessin« mit blonden Haaren und blauen Augen, die stets rosa gekleidet sei. Frau F. ist darüber unglücklich und hält den »ganzen Rummel« für übertrieben. Als ein neues Kind zur Eingewöhnung angekündigt ist, betritt ein kleines blondes Mädchen, ganz in rosa den Raum. Das Mädchen rennt sofort zur Verkleidungsecke und zieht sich mit völliger Begeisterung ein Kleid an. Sie läuft zur Erzieherin und sagt: »Schau mal, ich bin eine ganz hübsche Prinzessin mit einem rosa Kleid!« Die Erzieherin antwortet unglücklich: »Es gibt auch noch andere Kostüme, immer dieses Rosa – das ist doch langweilig!«

Beispiel

»Als Anton (drei Jahre) vor einiger Zeit nach dem Mittagsschlaf sehr weinerlich war, beschäftigte ich mich intensiv mit ihm. Weil er nicht allein spielen wollte, sah ich mit ihm ein Buch an. Er ließ sich dadurch bald trösten, hob plötzlich den Kopf und begann einen Satz mit ›Du, Mama ...‹ Dann bemerkte er, was er gesagt hatte, und lachte darüber. Durch mein tröstendes Verhalten hatte ich ihn wohl an seine Mutter erinnert.«

Beispiel

»Bei einem Praktikum in einem Kinderladen gab es ein Mädchen, das immer zu mir kam, wenn etwas passiert ist, und bei Ausflügen immer an meiner Hand laufen wollte, obwohl ich erst seit kurzer Zeit dabei war. Ich fragte mich, woher dieses schnelle Vertrauen zu mir kam, und fand heraus, dass ich ihrer Mutter ähnlich sah und auch Haare und Kleidung ähnlich trug. Mein Aussehen hat hier wohl eine vertrauensvolle Übertragung ausgelöst.«

Beispiel

Ein einjähriger Junge ist schwer zu beruhigen. In der Zeit der Eingewöhnung haben die Erzieherinnen häufig gewechselt. Vor allem, wenn eine Krippenerzieherin mit längeren roten Haaren das Zimmer betrittt, weint er heftig, krabbelt auf diese Person zu und will getröstet werden. Geht die Person, schreit er noch stärker. Seine Mutter hat lange rötliche Haare.

Mit dem Wissen über Übertragung und Gegenübertragung können Pädagogen Interaktionen vielseitiger verstehen – etwa ablehnendes Verhalten eines Kindes nicht so sehr persönlich nehmen. Möglicherweise sieht das Kind über einen »Übertragungsauslöser« die »ungeliebte Oma« oder den »meckernden Bruder« in seiner Erzieherin oder Lehrerin? Sein Verhalten lässt sich dann durch Erfahrungen erklären, die es außerhalb der Beziehung zur Pädagogin gemacht hat. So kann Neugier und Interesse am Verhalten des Kindes »trotz« seines ablehnenden Verhaltens erhalten bleiben. In manchen Kindergärten können sich Kinder ihre Bezugspersonen aussuchen und mitbestimmen, wer sie füttern oder windeln soll. Sie erleben sich so als weniger ausgeliefert. Wird ein solcher Wunsch nicht »persönlich genommen« und als kränkend erlebt, fühlen sich Kinder darin unterstützt, eine differenzierte Wahrnehmung und ein Gefühl eigener Wirksamkeit zu entwickeln.

8.3 Gegenübertragung

Wenn in einer Beziehung übertragen wird, reagiert die Person, auf die eine Übertragung zustande gekommen ist, auf den interaktionellen Anteil der Übertragung. Ihre Reaktionen können als »Gegenübertragung« konzeptualisiert werden. Person A reagiert auf Person B (bzw. auf deren aus Übertragungen hervorgehende Handlungen und Äußerungen). Person A richtet nun ihrerseits eigene Gefühle, Vorurteile, Erwartungen und Wünsche auf Person B. Die Formen der Gegenübertragung können sehr vielfältig sein. Sie reichen von Zuneigung, sozialen oder zärtlichen Wünschen bis hin zu negativen Gefühlen, Abneigung oder abwertenden Gedanken und Äußerungen, die Person A der Person B entgegenbringen kann. Übertragung und Gegenübertragung stabilisieren sich gegenseitig.

Beispiel
»In unsere Kindergartengruppe kam ein neuer Junge. Er war aggressiv, schlug viel und integrierte sich schwer. Mit meiner Kollegin kam er noch relativ gut klar. Von mir ließ er sich aber nichts sagen, schlug mich und schrie mich an. Ich wusste, dass er in der vergangenen Zeit viele Probleme hatte. Seine Eltern hatten sich scheiden lassen, er musste in eine neue Stadt ziehen und in einen neuen Kindergarten gehen. Möglicherweise übertrug er alte Beziehungserfahrungen auf mich. Ich reagierte

jedoch auch auf sein Verhalten, indem ich ihm gegenüber häufig laut wurde und ihn oft ermahnte. Als ich feststellte, dass ich auf seine Anfeindungen mir gegenüber aggressiv und möglicherweise auch übertrieben reagierte, versuchte ich mein Verhalten zu verändern und ruhig mit ihm umzugehen. Jedoch fiel es mir sehr schwer und ich versuchte, ihm eher aus dem Weg zu gehen.«

Pädagoginnen und Pädagogen übertragen auch eigene Erfahrungen aus ihrer Kindheit – in Krippe, Kindergarten, Hort und mit ihren Eltern – auf die Kinder, mit denen sie arbeiten (siehe auch »Der will ja nur Aufmerksamkeit«, Kapitel 6.3)

Beispiel
»Im Urlaub lernte ich eine Grundschullehrerin kennen. Im Laufe des Gesprächs kam es zum Thema Vornamen. Sie erzählte daraufhin: ›Bevor ich eine neue Klasse übernehme, lese ich ja schon die Namen auf der Liste. Da erkenne ich meine Pappenheimer schon am Namen. Pascal, Kevin, wenn die so heißen, weiß ich, was auf mich zukommt. Am schlimmsten war ›Pascal Sturm‹. Ich sage euch …‹« Der Name löst eine Erinnerung aus. Liest die Lehrerin den Namen auf einer neuen Klassenliste, werden Erwartungen ausgelöst, bevor sie das Kind kennengelernt hat. Die Kinder mit diesen Namen verhalten sich meist ihren Erwartungen entsprechend (so die Lehrerin). Andere, positive Aspekte im Verhalten der Kinder werden von ihr wahrscheinlich weniger wahrgenommen.«

Untersuchungen zeigen, dass Erwartungen von Lehrerinnen und Lehrern großen Einfluss auf die Entwicklung von Kindern haben. Dies gilt nicht nur für die sozialen Beziehungen, die sich entwickeln, sondern auch für kognitive Leistungen und Noten.

Die – im Rahmen eines Forschungsprojekts erfolgende – Mitteilung, dass ein Schüler besonders gut in einem Intelligenztest abgeschnitten habe (bei tatsächlich durchschnittlichen Leistungen) führte dazu, dass die Leistung des Schülers im nächsten Jahr von den Lehrern tatsächlich positiver beurteilt wurde, und auch dazu, dass dieser Schüler *tatsächlich mehr lernte!* Dies gilt auch und vermutlich noch stärker für Erwartungen, dass bestimmte Schüler schlecht abschneiden. Soziale und ethnische Unterschiede werden durch bestehende Erwartungen in unterschiedliche Lernerfolge und Benotungen umgesetzt. Sie verfestigen dann bestehende soziale Ungerechtigkeit.

Untersuchungen in den USA zeigen, dass es mit einfachen Mitteln und Programmen gelingen kann, die soziale Benachteiligung bestimmter Gruppen (dort: Studierende mit schwarzer Hautfarbe) in Bildungseinrichtungen zu verringern. Rasch und langfristig wirksam wurden Leistungen und Benotungen vor allem stark benachteiligter Gruppen besser und die Abbruchquote niedriger. Auch innerhalb des deutschen Bildungssystems gibt es deutliche Benachteiligungen sozialer Gruppen aufgrund bewusster und nicht bewusster Erwartungen von Pädagogen.

Beispiel

Ein zehnjähriger Junge mit Migrationshintergund besteht in Absprache mit seinen Eltern darauf, das Gymnasium besuchen zu wollen. Seine Lehrerin sagt ihm vor der Klasse wütend: »Dann geh doch dahin und zeig denen allen, wie blöd du bist!«

Die Lehrerin betrachtet sich als eine liberale, engagierte, auf keinen Fall rassistische Frau. Dennoch ist sie Teil einer »strukturellen Gewalt« unseres Bildungssystems. In diesem Beispiel kommt es vor einem guten Hintergrund sozialer Unterstützung des Kindes zu einer Trotzreaktion (»Der werde ich es zeigen!«) und einem erfolgreichen Abitur. Die Belastung konnte – vielleicht sogar mit Gewinn für die Zukunft – überwunden und gemeistert werden. Unglücklichere Verläufe sind in unserem Bildungssystem aber häufig. Erwartungen von Pädagoginnen und Pädagogen in Hinsicht auf Beziehungs- und Leistungsfähigkeiten von Kindern spielen dabei eine zentrale Rolle. Sie sind wesentlich durch nicht bewusste »Gegenübertragungen« bestimmt und können durch Reflexion des eigenen Verhaltens in ihren Auswirkungen begrenzt werden.

Beispiel

»Paul ist ein Junge, der nie still sitzen kann, er zappelt, prügelt sich schnell mit anderen und redet schnell dazwischen. So wurde mir Paul beschrieben, bevor ich ihn überhaupt das erste Mal sah. Im Essensraum findet dann die erste Begegnung mit ihm statt. Er kippelt und fällt vom Stuhl und sein Essen landet auf dem Boden. Die drei Erzieherinnen rufen: ›Na das war ja klar, der Paul muss immer unangenehm auffallen!‹ Ich denke mir: ›Was für ein komischer Junge, der Paul.‹

Ich spüre, wie ich ein negatives Bild von Paul in mir aufnehme. Paul erinnert mich mit seiner dominanten Art an einen Jungen aus meiner eigenen Kindheit, der allen den Spaß verdarb. Ich reagiere Paul gegenüber genauso wie auf den Jungen aus meiner Kindheit. Der Übertragungsauslöser, die Eigenschaft von Paul, unangenehm aufzufallen, löst in mir ein unangenehmes Gefühl und die von früher bekannten Erwartungsempfindungen aus.

Da die anderen Erzieherinnen ähnliche Erfahrungen mit ihm gemacht haben, erwarten sie, dass ich auf Paul so reagiere, und machen es mir leicht, mein Beziehungsmuster beizubehalten und auf Paul mit Antipathie zu reagieren. Die bewusste Erinnerung an meine damaligen Erfahrungen hilft mir, dieses maladaptive Beziehungsmuster zu durchbrechen und Paul vorurteilsfreier zu sehen und zu behandeln.«

Beispiel

»Bereits am ersten Tag an meiner neuen Arbeitsstelle im Kindergarten fiel mir ein Mädchen auf, das sich ständig in den Mittelpunkt stellen musste. Sie antwortete immer als Erste, ohne den anderen Kindern auch nur den Hauch einer Chance zu geben, und wusste alles besser. Viele Kinder versuchten sie zu meiden. Andere, insbesondere die Jüngeren, spielten mit ihr. Auffällig war, dass das Mädchen sehr sensibel auf Kritik reagierte, etwa wenn ich ihr sagte, dass sie anderen Kinder nicht ständig Befehle geben könne und auch mal die anderen zu Wort kommen lassen solle. Sie suchte stets Nähe zu mir oder anderen Erzieherinnen. Bei jeder Gelegenheit wollte sie an die Hand genommen werden, auf den Schoß – eben die Aufmerksamkeit haben. Aufgrund ihrer herrischen Art gegenüber den anderen Kindern war ich kaum in der Lage, mich ihr liebevoll zuzuwenden. Ich spürte eine Abneigung und wäre am liebsten nicht auf sie eingegangen. Zu sehr erinnerte sie mich an ein älteres Mädchen aus meiner Kindergartenzeit. Sie war zwei Jahre älter als ich. Auch sie hat bestimmt, welches Spiel gespielt wird. Derjenige, der keine Lust hatte mitzuspielen, wurde von ihr persönlich geärgert (z. B. geschubst). Auch sie wusste immer alles besser. Diese Erinnerungen und Gefühle kamen in mir hoch. Ich wusste nicht, wie ich mich verhalten sollte. Erst das Gespräch mit meiner Kollegin half mir, angemessen mit der Situation umzugehen. Sie erzählte mir, dass dieses Mädchen zu Hause sehr wenig Aufmerksamkeit bekommt. Die Eltern hätten wenig Zeit, sie müsse ›funktionieren‹ wie eine Erwachsene – obwohl sie doch ein Recht habe, Kind zu sein. Jetzt habe ich Mitgefühl mit ihr. Wenn sie sich wieder so kommandierend verhält oder alles besser weiß und im nächsten Moment meine Nähe sucht, muss ich an die Gründe denken, die sie zu dem machen, was sie ist. Das hilft mir, meine negativen Gefühle zu kontrollieren.«

In einem modernen Verständnis wird Übertragung damit zu einer gemeinsamen Schöpfung der Interaktionspartner. Trotz dieser Beziehungsgebundenheit von Übertragungen lassen sich übereinstimmende Gegenübertragungsreaktionen empirisch bestimmen – eine Gruppe von Therapeuten oder Pädagogen reagiert auch ähnlich auf eine bestimmte Person, die ihnen etwa einzeln in einem gefilmten Interview gezeigt wird.

Lehrerinnen und Lehrer und auch Erzieherinnen und Erzieher sind in erheblichem Ausmaß Übertragungen ausgesetzt. Schüler übertragen ihre Erfahrungen mit Eltern, Eltern Erfahrungen mit ihren Lehrern – die Aufgabe von Lehrern, zu beurteilen, führt zu spezifischen Übertragungsverzerrungen, die die pädagogische Arbeit behindern und ein regressives Klima fördern. Die in deutschen Schulen als selbstverständlich angesehene Verbindung von Unterrichten und Benoten ist nicht in allen Ländern so vorgesehen. Wenn statt dessen externe Prüfungen stattfinden, werden Lehrende und Lernende gemeinsam geprüft. Sie »sitzen in einem Boot«. Dies trägt zu einer förderlicheren Beziehung zwischen Schülern und Lehrern und zu einer Entlastung von Pädagogen bei. Es ist ein Berufsrisiko von Pädagogen, auf Rollenzuschreibungen von Schülern und Eltern (oft eine Kombination aus Machtzuschreibung und Entwertung) mit habituellen Gegenübertragungen zu reagieren – etwa tatsächlich Macht um ihrer selbst willen auszuüben oder Schüler und Eltern reaktiv (auf deren Entwertungen hin) zu entwerten.

In solchen Beziehungskonstellationen werden häufig Erfahrungen, die Pädagogen mit den Eltern eines Kindes machen, auf die Kinder übertragen – auch z. B. Ärger und unterdrückte Enttäuschungen (Lehrer vor der Klasse zu einem neunjährigen Mädchen, dessen Eltern sich am Elternsprechtag über das Vorgehen der Schule in einer anderen Angelegenheit beschwert hatten: »Für deine Eltern kannst du ja nichts, aber …«). Eltern erleben dann, dass Kritik an der Institution dazu führt, dass ihre Kinder für die Kritik der Eltern kritisiert werden.

Lehrerinnen und Erzieherinnen werden von Kindern, aber auch von deren Eltern oft herausgehobene und wichtige Rollen zugeschrieben – etwa die einer wichtigen Großmutter oder Tante, die mehr weiß als die Mutter und der Vater und erstmals deren Autorität relativiert. Bei einem achtsamen Umgehen mit dieser Übertragung trägt sie als ein Vertrauensgeschenk zur Befriedigung in diesem Beruf bei.

Für empirische Untersuchungen sind Operationalisierungen von Übertragung entstanden, mit denen in Forschungsprojekten und in der Praxis gearbeitet wird. Am bekanntesten sind die Methode des Zentralen Beziehungskonfliktthemas ZBKT (Luborsky 1984, Staats 2004) und die Plandiagnose (Weiss/Sampson 1986). Anhand von Erzählungen über Interaktionen mit anderen Menschen, wie sie regelmäßig und spontan in Gesprächen vorkommen (ZBKT), oder anhand von Verschriftlichungen von ganzen Gesprächen (Plandiagnose) werden wiederkehrende, nicht bewusste Muster des Verhaltens (»implizites Beziehungswissen«) bestimmt und gemessen. Übertragung, eine unbewusste Struktur, kann also an Transkripten oder Videoaufnahmen von Gesprächen zuverlässig durch Fremdbeobachter bestimmt werden. Mit »treffenden« Aussagen zum ZBKT und »plankonformen« Interventionen wächst das Vertrauen von Klienten und die Ergebnisse der Arbeit verbessern sich.

Für Beraterinnen und Berater in sozialen Berufen ist es daher hilfreich, solche Verfahren zu kennen und die mit ihnen verbundenen Vorgehensweisen bei ihrer Arbeit zu berücksichtigen. Pädagoginnen und Pädagogen brauchen ein Verständnis von Übertragungen und Gegenübertragungen, um eigene Erfahrungen in ihren professionellen Beziehungen nicht unreflektiert zu wiederholen. Sie können sich mit deren bewusster Erfassung – oder einem Erahnen dessen, worum es in der aktuellen Situation geht – feinfühliger und freier auf die Beziehung zu Kindern einstellen und damit Bedingungen für Entwicklung und Lernen möglichst günstig gestalten.

9. Regression und Spiel

> »Darüber will ich mit dir gar nicht so viel reden.
> Ich möchte viel lieber mit dir spielen!«
> (Therapeutin zu einer zwanghaften Jugendlichen in einer Tagesklinik)

Entwicklung und Veränderung geschieht leichter mit und in emotionalen Beziehungserfahrungen, in denen gelernt werden kann. Einsicht ohne die sie begleitenden Gefühle bleibt in der Regel wenig wirksam. Dies gilt für ein Lernen in Psychotherapien und Beratungen ebenso wie für den pädagogischen Alltag. Es ist daher eine wichtige Aufgabe von Pädagogen, für Bildungsprozesse günstige Bedingungen herzustellen. Dazu kann zum Beispiel gehören, aus einer zwanghaften, intellektualisierenden Beschäftigung mit Listen voller zu lösender Probleme auszusteigen – und ein freieres, emotionaleres »spielerisches« Ausprobieren zu ermöglichen. Beim Finden dieser Bedingungen hilft das Konzept der Regression – des Nutzens »früherer«, weniger strukturierter, »kindlicherer« und potenziell kreativer Erlebens- und Verhaltensweisen (siehe auch Kapitel 6.3). Manche Kinder, Pädagoginnen und Pädagogen können regressives Erleben besonders gut nutzen und genießen es, andere fühlen sich mit einer strukturierten, weniger Regression bietenden Umgebung wohler und lernen dort leichter. Wieder andere Menschen müssen spielerisch regressives Erleben erst – wieder? – lernen, um mit sich und ihren Beziehungen zu anderen Menschen gut leben zu können. Für unterschiedliche Kinder ist daher jeweils ein Arbeiten mit unterschiedlicher Tiefe der Regression besonders geeignet.

Regression stellt sich in der Regel spontan ein, sie stößt einem zu – Studenten berichten etwa, wie ihnen in ihrem Elternhaus die Fähigkeit zu wissenschaftlicher Arbeit verloren geht, die elterlichen Regeln, regelmäßige Mahlzeiten und das Jugendzimmer dazu verführen, sich – wieder – wie am Ende der Pubertät zu fühlen. Zwischenzeitlich erworbene Kompetenzen sind dann zeitweise verloren.

Spielen ist ein starker Auslöser für regressives Erleben und Verhalten. Darin liegt der Reiz des Spiels für Erwachsene. Wie wenig anderes ist das Spiel eine Tätigkeit, die ohne bewussten Zweck zum Vergnügen, zur Entspannung, allein aus Freude an ihrer Ausübung ausgeführt wird. Ein Großteil der kognitiven Entwicklung und der Entwicklung von motorischen Fähigkeiten findet durch Spielen statt.

Zu dem nicht ganz leicht verständlichen Konzept der Regression wird zunächst ein Beispiel aus dem Krankenhaus berichtet – einer Institution, die besonders deutlich zu »regressivem« Verhalten einlädt.

Beispiel

In einer Abteilung für Stimm- und Sprachstörungen führte die Einführung eines Intensivprogramms für schwer sprachgestörte Patienten (täglich eine Stunde Sprachübungen von Montag bis Freitag) zu einer massiven Belastung der Logopädinnen und dem drängenden Wunsch nach Supervision.

Die Patientinnen und Patienten innerhalb des Intensivprogramms konnten sich zu Behandlungsbeginn kaum verständlich machen. Sie reisten teils von weit her an und lebten in Pensionen der für sie fremden Stadt. Jeden Tag gingen sie zu einer Logopädin, die ihren Sprech-Versuchen aufmerksam folgte, sie verstand und förderte.

Überraschenderweise führten der Erfolg dieses Programms und die intensive Art der Zuwendung nicht zu Dankbarkeit oder Zufriedenheit bei den Patienten. Stattdessen kam es zu immer weiter wachsenden Ansprüchen an die Logopädinnen, heftigen emotionalen Reaktionen bei Verlegungen einer Sitzung und einer zunehmenden Überforderung des engagierten Teams. Die zu Behandlungsbeginn selbstständigen und motivierten Patientinnen und Patienten wurden – so die Schilderung der Logopädinnen – trotz objektiv guter Erfolge »immer merkwürdiger und komischer«. Sie verhielten sich anspruchsvoll, weinerlich, stark in ihren Stimmungen schwankend und oft hilflos bei einfachen Aufgaben. So wurde die Arbeit mit ihnen immer schwieriger.

In der Supervisionssitzung wurde rasch deutlich, wie groß die Bedeutung der einzelnen Stunde für die sonst weitgehend isolierten Patientinnen und Patienten war. Das Bemühen der Logopädinnen um ein Verstehen ihrer Patienten und ihre Versuche, ihnen zu helfen, sich verständlich zu machen, erinnerten an das Bemühen von Müttern ihren kleinen Kindern gegenüber. Jetzt konnte das Verhalten der erwachsenen Patienten verstanden werden als ein Verhalten, das durch die Ähnlichkeit der Situation Erleben aus der Zeit des zweiten Lebensjahres hervorruft – das »merkwürdige und komische« Verhalten war für die Beteiligten auf einmal nachvollziehbar und als Reaktion auf Trennungen von einer Mutter, auf die man doch unbedingt angewiesen ist, verständlich.

Schon mit dieser Einsicht änderte sich die Haltung gegenüber Patientinnen und Patienten in diesem Zustand. Die Arbeit wurde weniger belastend. Dazu wurden Möglichkeiten gefunden, die »Regression« der Patienten (und dann auch der Logopädinnen) zu beschränken und dadurch die weitere Arbeit zu ermöglichen.

Ein Wechsel zwischen Regression und progressiver Bewältigung und Reflexion des Erlebten fördert das emotionale Erleben. Berater, Therapeuten und Pädagogen haben Möglichkeiten, regressives Erleben zu ermöglichen oder einzuschränken. Das Vorgehen hängt dabei natürlich vom Alter und Entwicklungsstand des Kindes ab. Je nach Entwicklungsstand stehen unterschiedliche Möglichkeiten zur Verfügung, vorangegangene Muster des Erlebens und Verhaltens wieder zu reaktivieren (siehe Kapitel 6 und Lehrbücher der Entwicklungspsychologie). Bei älteren Kindern und Erwachsenen lassen sich aber einige allgemeine Zusammenhänge zwischen pädagogischem Vorgehen und regressivem Erleben der Kinder darstellen (ausführlich für das Arbeiten mit Gruppen in Veröffentlichungen zum »Göttinger Modell«, z. B. Staats u. a. 2013).

Zeigt eine Lehrerin bei älteren Kindern etwa wenig von sich als Person, strukturiert nicht stark und greift bevorzugt Gemeinsamkeiten der Schüler auf (»Ihr seid eine großartige Klasse, so wie ihr das hingekriegt habt!« oder auch »Ihr seid die schlimmste Klasse hier an der Schule!« mit der Antwort eines Jungen: »Stimmt nicht, das haben die Lehrer auch zu der Klasse meines Bruders gesagt!«), so gibt sie den Kindern Freiraum für gemeinsame Fantasien und spielerische Interaktionen. Bei der Arbeit im Kindergarten geht es dann oft laut zu und hoch her.

Soll Regression eingeschränkt werden, z. B. um aktuelle Konflikte in einer Schulklasse oder Kindergruppe zu klären, können Pädagogen »Ich-Funktionen« der einzelnen Beteiligten fördern – z. B. indem sie zum Nachdenken anregen, Unterschiede zwischen den Kindern ansprechen oder auf eine differenzierte Wahrnehmung von Affekten achten. Eine Pädagogin kann im Kindergarten auf das Verhalten der Kinder »antworten«, indem sie ihre eigene Reaktion deutlich macht und beschreibt (»Ich bin jetzt verwirrt, wer kann mir helfen, das zu verstehen?«) statt – wie oben – das Verhalten der Kinder zu beschreiben. So regt sie zum Nachdenken an und schränkt regressives Erleben ein. Therapeuten, die so vorgehen, sind deutlicher als Personen wahrnehmbar, sie sind »transparenter«; Lehrer sind auf eine professionelle Art authentisch. Beides schränkt regressives Erleben und Verhalten ein und ermöglicht die Förderung der eigenen Subjektivität an der Andersartigkeit des Gegenübers.

Pädagogen und Erzieher brauchen im Umgang mit Kindern die Fähigkeit, regredieren zu können. So können sie sich auf kindliches Erleben einstellen und »mitspielen«. Sie brauchen auch die Fähigkeit, aus einer solchen Regression mit dieser Erfahrung als Gewinn wieder auftauchen zu können – die eigene Regression und auch die der Kinder flexibel steuern zu können.

Beispiel

»Wenn ich nach Hause fahre und bei meiner jüngeren Schwester bin, die erst sechs Jahre alt ist, passiert immer wieder Folgendes:

Bin ich mit ihr allein, so spüre ich eine gewisse Anspannung. Ich fühle mich verantwortlich, räume hinter ihr her, bin ängstlich, wenn sie zum Beispiel auf einen Baum klettert, bin schneller bereit zu schimpfen oder sie zu ermahnen und habe häufig keine Lust mit ihr zu spielen. Ich finde dann, sie solle das doch alleine machen. Dann macht es auch ihr keinen Spaß mit mir, und sie beklagt sich häufig über mein Verhalten.

Kommt dann unsere Mutter in den Raum oder ins Haus, klettere ich mit meiner Schwester zusammen auf Bäume, mache Streiche mit ihr und ›raufe‹, wobei ich oft an kleine Löwenkinder denken muss. Das macht uns Spaß und wir sind beide entspannt und zufrieden – nur unsere Mutter ruft ab und zu, wir sollen aufpassen und nicht so wild sein. Ich spüre, wie nah ich meiner Schwester in diesen Momenten bin und wie sehr sie mir vertraut.

Allein mit meiner Schwester gerate ich automatisch in eine Mutterrolle. Bei einem Altersunterschied von 16 Jahren verschwimmt die Grenze zwischen ›Spielpartner‹ und ›großer Schwester‹ ab und zu. Ich bin meiner Schwester in dieser Haltung fremd und stelle mir vor, dass ›zwei große Frauen‹, die auf sie aufpassen, eine Überforderung sein können. Ich denke in dieser Situation oft, ich müsste meine Mutter an dieser Stelle ersetzen. Meine Schwester wird zu meinem Kind.

Wenn unsere Mutter im Haus ist, bin ich ganz klar die Schwester. Ich spüre keinen Altersunterschied zwischen uns und bemerke, wie sehr ich selbst regressiv werde und somit über einen viel größeren Handlungsspielraum verfüge, der es mir ermöglicht, C. von einer vertrauten und persönlichen Seite zu betrachten.«

Frage

Was hilft Ihnen, mit Kindern in ein regressives Spielen zu geraten? Was behindert Sie dabei?

Es fällt nicht immer gleich leicht, sich auf ein regressives Spielen und Erleben mit Kindern einzulassen. Am einfachsten scheint das häufig im Umgehen mit Wasser oder Matsch zu sein. In England bieten viele Kindergärten – vielleicht vor diesem Hintergrund – eine »Matschecke« an, in der Pädagogen und Kinder in einem vorgegebenen Rahmen regressives Erleben teilen können.

Lesen Sie dazu den folgenden Kommentare einer Studierenden der Frühpädagogik:

»Regression ist für PädagogInnen mit eigenen unverarbeiteten kindlichen Traumata oder anderen schlechten Erfahrungen als Kind oft mit unangenehmen Gefühlen verbunden und wird deshalb vermieden. Kleine Kinder haben feine Antennen dafür, ob ErzieherInnen regredieren können oder nicht. Ich habe oft die Erfahrung gemacht, dass man rasch einen Zugang zu Kindern findet, wenn man auf ihre Höhe geht und gemeinsam mit ihnen spielt. Auch wenn man noch fremd ist, bringen Kinder dann schnell ein Spielzeug oder wollen etwas zeigen, mit dem man sich gemeinsam beschäftigen soll. Auf diese Weise lernt man Kinder leichter kennen, als wenn man sich mit ihnen unterhalten will und ihnen Fragen stellt – wie das Erwachsene untereinander tun. Pädagoginnen und Pädagogen, die nicht leicht regredieren und dann wieder daraus auftauchen, werden viel schwieriger ›warm‹ mit den Kindern. Leider sehe ich oft, dass viele Erzieherinnen nicht mehr regredieren können und abwertend über das kindliche Spiel reden. Meines Erachtens können nur Erwachsene ein Kind wirklich verstehen, die ab und zu selber ein Kind sind.«

10. Pädagogisches Handeln

Pädagogisches, beratendes und therapeutisches Handeln bezieht sich auf ähnliche Konzepte, setzt dabei aber innerhalb eines Kontinuums unterschiedliche Schwerpunkte und Akzente. Verbindendes Element ist die Bedeutung der professionellen Beziehung. Richtet sich der Blick allein auf einen Partner dieser Beziehung – hier die Pädagogin – so kann deren Art und Weise, Beziehungen zu gestalten, als pädagogische »Haltung« beschrieben werden. Dazu gehört ein Gefühl für den richtigen Abstand, das »Timing«, das Gestalten von Spannungen: Taktgefühl. Johann Friedrich Herbart hat den Begriff des »pädadagogischen Takts« geprägt, der aus heutiger Sicht als aufmerksame Resonanz für die Offenheit, Dynamik, Variabilität und Unergründlichkeit eines anderen (Zirfas 2011) beschrieben werden kann. Eine fördernde pädagogische Haltung soll in diesem Kapitel in einigen ihrer Auswirkungen – dem konkreten Handeln – dargestellt werden. Dazu werden Verbindungen zu psychodynamischen Konzepten und Ergebnissen aus der Forschung zu Interaktionen herangezogen.

Pädagogik und Therapie sind aber auch unterschiedlich. Deutungen von Verhalten mit der Annahme nicht bewusster Motive (»Du bist jetzt sauer auf mich, weil ich dich an deinen Vater erinnere«) haben in pädagogischen Beziehungen keinen Platz. Pädagogen sind für solche Aussagen nicht »beauftragt«. Daher werden »Deutungen« im pädagogischen Alltag häufig als übergriffig und als unerlaubte Machtausübung wahrgenommen, als ein »Foul«. Sie stören dann die Entwicklung einer Beziehung, Auch Therapeuten deuten nicht nur; in manchen Formen therapeutischer Arbeit wird bewusst auf ein Deuten nicht bewusster Motive und Wünsche verzichtet. Stattdessen geht es um die Entwicklung von seelischen Kompetenzen. In diesen Theorien sind Verbindungen zur Pädagogik und zur Beratung deutlich. In diesem Kapitel wird vor allem auf Konzepte der psychoanalytisch-interaktionellen Methode PIM und der mentalisierungsbasierten Therapie MBT Bezug genommen. Als entwicklungspsychologisch fundierte und verstehensorientierte Methoden sind sie vielfach in familientherapeutische und pädagogische Arbeitsfelder eingegangen (vgl. z. B. Juul 2011). PIM und MBT können in diesem Buch nicht als Methoden dargestellt werden. Für weitergehende Informationen zur MBT wird auf Bolm (2009) und Schultz-Vernrath (2013) verwiesen, zur PIM auf Streeck/Leichsenring (2009) und in der Arbeit mit jungen Familien auf Staats (2009).

Lernerfolg und die Qualität der Beziehungen in Familien, Krippen, Kindergärten und Schulen sind keine unabhängigen Variablen. Sie hängen eng miteinander zusammen. Therapeuten, die das zentrale Thema, die Übertragungsmuster ihrer Patienten zu Behandlungsbeginn zutreffend ansprechen, verbessern damit die Beziehung zu ihren Patienten und erzielen am Ende günstigere Ergebnisse. Dies ist in pädagogischen Interaktionen ähnlich: Kinder, die etwas lernen, schätzen ihre Lehrerin oder Pädagogin dafür. Das Erkennen von etwas Neuem ist kein allein intellektuelles Geschehen, sondern ein in eine Beziehung eingebettetes emotionales Erlebnis.

Beispiel
»Wenn man etwas Neues erkennt, dann schlagartig. Dann fühlt man sich losgelöster und ein wenig leichter.« (Zitat aus einer Beratungssituation)

Mit dem Erkennen allein ist es aber nicht getan. Lernen ist dann auch ein sich über verschiedene Bereiche des Lebens wiederholender Spiel- oder Arbeitsprozess. Untersuchungen zeigen als hilfreich für das Arbeiten mit Kindern
- ein Herstellen von günstigen Bedingungen für das Lernen von Neuem und für Veränderungen mit einer anregenden Umgebung,
- eine angepasste Dosierung von regressiven Spielmöglichkeiten und einem sicheren, Struktur bietenden Rahmen,
- ein feinfühliges Erkennen der Anliegen von Kindern,
- eine klar verständliche und auf die Welt des Kindes bezogene Sprache sowie
- situationsbezogene, taktvolle und zum rechten Zeitpunkt kommende – feinfühlige – Interventionen.

Warum braucht es dazu Theorien? Sind nicht die Erfahrungen in der Praxis – oder die vielen Beispiele dieses Buches – für das pädagogische Handeln sehr viel wichtiger?

»Es gibt nichts praktischeres als eine gute Theorie.« (Kurt Lewin)

Praktische Erfahrungen bleiben ohne eine Theorie des Handelns eingeschränkt. Sie können dann nicht oder schwer auf die vielfältigen, immer wieder neuen und kaum vorhersehbaren Situationen in Krippe, Kita, Schule und Hort übertragen werden. Hier helfen Theorien, aus Erfahrungen ein intuitives Wissen zu gewinnen.

Neue Situationen können möglichst umfassend verstanden werden – um dann feinfühlig zu reagieren. Gerade weil Theorien keine Vorgaben für eine bestimmte Situation geben, sind sie Werkzeuge für die Bewältigung neuer Herausforderungen. Einige typische Merkmale guter pädagogischer Arbeit werden im Folgenden aufgeführt. Auch sie gelten nicht absolut, sondern sind feinfühlig individuell umzusetzen. Sie können als Ausdruck einer entwicklungspsychologisch und psychoanalytisch informierten pädagogischen Haltung betrachtet werden, finden sich teilweise aber auch als Bestandteil anderer Theorien.

10.1 Interesse, Neugier, Nicht-schon-Wissen

»Alles was ich den Kindern zeige,
können sie nicht mehr selbst entdecken.« (Piaget)

Lernen ist ein aktiver Prozess. Es gelingt besonders gut, wenn viele Sinne eingesetzt werden. Zusammenhänge, die Kinder selbst entdecken, bleiben länger im Gedächtnis und können leichter auf unterschiedliche und neue Situationen übertragen werden. So ist ein spielerisches gemeinsames Erkunden oft hilfreicher als eine rasche Erklärung, selbst wenn diese richtig und lehrreich »gegeben« wird. Pädagoginnen und Pädagogen lernen daher, Kinder selbst forschen und entdecken zu lassen, sich mit voreiligen Erklärungen zurückhalten und Kinder in ihrem Handeln und Denken wahrzunehmen und zu bestätigen. Zu einer feinfühligen pädagogischen Haltung gehört es, die Rolle einer Expertin verlassen zu können, etwas nicht gleich zu wissen, sondern mit dem Kind neugierig und interessiert zu erkunden.

Dies ist schnell geschrieben, in der Praxis aber nicht leicht umzusetzen. Kinder werden in Kindergärten und Schulen weit häufiger aus einer Expertenperspektive beschrieben (»Du bist ja heute wieder so unruhig!«) oder zu etwas aufgefordert (»Sei jetzt mal nicht so laut!«) als interessiert gefragt (»Das habe ich noch nicht gut verstanden. Kannst du mir das erklären?«). Es ist eine Herausforderung für Pädagogen, im Alltag eine Offenheit für Neues zu schaffen, Ungewissheit zu ertragen und nicht schon »immer« schnell Bescheid zu wissen. Um sich eine solche Offenheit zu erhalten, ist es hilfreich, sich mit den Wirkungen der eigenen Aussagen zu beschäftigen. Dazu gehört es, einen Offenheit einschränkenden, »suggestiven« Teil einer Aussage erkennen zu können – um ihn bewusst einzusetzen oder zu vermeiden.

Wenn Sie als Erwachsener ein Kind ansprechen, ist damit fast immer auch ein suggestiver Effekt verbunden. Es ist nicht gleichgültig, welchen Aspekt einer

Erzählung oder eines Verhaltens Sie aufgreifen. Kinder lernen, diese Aspekte als wichtig zu erkennen und richten sich darauf ein.

Direkte Suggestion (»Da warst du sicher traurig, als Jan dich nicht eingeladen hat«) wird oft vom »Sender« als mitfühlend und empathisch empfunden. Sie dient auch – und oft in erster Linie – dazu, eigene Unsicherheit des »Senders« zu verringern – indem etwa eine noch nach mehreren Richtungen offene Situation auf einen Aspekt festgelegt wird (vielleicht war nicht Trauer, sondern Erleichterung oder Wut die Reaktion auf diese Nachricht). Diese beschämenden und nicht konventionellen Gefühle können – anders als ein wenig »Traurigkeit« – stören. Sie bleiben bei einer direkten Suggestion unbeachtet und gehen verloren. Bei wiederholten Erfahrungen in dieser Art lernen Kinder, dass ihre individuellen Reaktionen »verpönt« oder »zu gefährlich« sind und passen sich an die Erwartungen ihrer Bezugspersonen an. Feinfühligkeit im Umgang mit Kindern bedeutet hier, gerade nicht vorschnell »falsche«, nicht gut passende Beschreibungen zu nennen, an die sich Kinder dann anpassen. Auch auf nicht treffende suggestive Bemerkungen sagen Kinder taktvoll oft nichts mehr und nicken brav – ein Widerspruch ist hier eine erhebliche Leistung, weil er das empathisch gemeinte Beziehungsangebot eines Pädagogen zurückweist (»Nein, ich bin gar nicht traurig, ich kann ihn nicht leiden!«).

Frage
Erinnern Sie Situationen, in denen sich Kinder ihren Erwartungen angepasst haben könnten und dadurch Wichtiges unerkannt geblieben ist?

Welche Möglichkeiten gibt es, direkte Suggestionen zu reduzieren? Wenn eine suggestive Antwort dazu dient, eigene Unsicherheit zu verringern, hilft es Pädagoginnen und Pädagogen, eigene Unsicherheit tolerieren zu lernen – sie z. B. als eine Voraussetzung feinfühligen professionellen Handelns zu betrachten. Wenn eigene emotionale Reaktionen auf eine Situation wahrgenommen und ausgehalten werden (z. B. Unsicherheit, aber auch Zorn, Enttäuschung, …) gehen sie weniger leicht in die Interaktion ein. Die Enttäuschung kann reflektiert, der eigene Zorn verstanden werden – dann muss er nicht oder nicht so stark in eine suggestive Interaktion zurückfließen.

Suggestion wird auch durch ein konfliktorientiertes Denken verringert oder durch eine pädagogische Haltung, die sich gezielt für die individuellen Interessen eines Kindes interessiert und diese aufnimmt und verbalisiert. Indem verschiedene Seiten eines Konflikts oder unterschiedliche Interessen benannt werden, bleibt die Möglichkeit – und Aufgabe – für das Kind, selbst zu entscheiden. Das Erkunden einer Situation mit dem Bemühen, einen ausgewogenen Abstand zu allen Seiten eines Konflikts einzuhalten, geht in das psychotherapeutische Konzept der *Neutralität* ein. Es dient dazu, direkte Suggestion einzuschränken.

Der Vertrauensvorschuss, den Kinder Erwachsenen und Pädagoginnen und Pädagogen entgegenbringen, ist eine Form indirekter Suggestion. Wenn es »gut läuft«, stellen Kinder sich in dem, was sie sagen, auf das ein, was ihrer Lehrerin wichtig ist. Sie möchten kooperieren und ihr gefallen. Aber auch andere Übertragungen (Kapitel 8.2) auf Pädagogen sind häufig und können dann die Beziehung zu einzelnen Kindern belasten.

Für die Herausforderung, professionelle und doch persönliche Beziehungen gestalten zu müssen, gibt es spezifische Lehrangebote. Supervision wird in Kindergärten und Horten häufig nur im Sinne einer Hilfe bei Krisen angeboten. Eine besondere Form von auf die professionelle Tätigkeit ausgerichteten Selbsterfahrungsgruppen (»Balintgruppen«) bietet Ärzten und Therapeuten, aber auch Pädagoginnen und Pädagogen die Gelegenheit, mehr über den Einfluss der eigenen Persönlichkeit auf die Arbeit zu erkennen und dieses Wissen bewusst einsetzen zu lernen. In diesen regelmäßig (z. B. alle 14 Tage) stattfindenden Arbeitsgruppen treffen sich acht bis zwölf Ärzte, Pädagogen, Sozialarbeiter oder Juristen unter der Leitung eines Balintgruppenleiters, um über Begegnungen mit Menschen in ihrer professionellen Praxis zu sprechen. Ziel ist es, professionelle Beziehungen vielfältiger und einfühlsamer gestalten zu lernen und damit Kindern, Patienten oder Klienten feinfühliger und besser helfen zu können. Balintgruppen sind eine wirksame Weiterbildung für die Gestaltung professioneller Beziehungen im sozialen Feld.

Suggestive Interventionen lassen sich nicht völlig vermeiden; es lohnt sich aber, sie erkennen zu lernen, um sie gezielt vermeiden oder auch – z. B. als Ermutigung – gezielt einsetzen zu können.

Lob, Tadel und Kritik sind suggestive Interventionen. Sie können bestätigen, zum Nachdenken anregen, aber auch einengen und festlegen. Ein überlegter Umgang mit Suggestion ist in pädagogischen Beziehungen wichtig, weil dort die Beziehung als Mittel der Veränderung gesehen wird. Als unspezifische Hilfe vermittelt Beziehung Sicherheit, Wertschätzung und – neue – Beziehungsangebote. Als Grundlage von Interventionen erleichtert sie eine Einflussnahme oder macht diese erst möglich (»indirekte Suggestion«) und unterstützt beim Lernen und beim Üben neuer, noch unsicherer Verhaltensmuster. Therapeuten gestalten Beziehungen mit, indem sie zwischen zwei Einstellungen hin und her wechseln – ein »sich gebrauchen lassen«, sich mit der Übernahme der zugewiesenen Rolle in die innere Welt eines Menschen mit hineinziehen lassen, wechselt ab mit »sich abgrenzen, verstehen, was im Gebrauchen geschieht und das beschreiben«, was zu einer Herausentwicklung aus diesem Muster und zu einer Deutung führen kann. Pädagoginnen und Pädagogen deuten auch – dies ist aber nur selten ihre Aufgabe. Für ihre Ziele ist es in der Regel hilfreicher, zu antworten (inhaltlich, zugleich damit aber auch die eigene Reaktion transparent zu machen) und zu fragen (Kinder anzuregen, über die Dinge, mit denen sie sich beschäftigen, und über sich sich selbst nachzudenken). Die Pädagogin weiß nicht gleich, was das Kind wissen will, und sie weiß es auch nicht »besser«. Sie ist offen, neugierig und richtet ihre Aufmerksamkeit auf das Erleben des Kindes (»Kannst du mir das zeigen?«, »Kannst du mir erklären, wie du das meinst?«). So gibt sie zugleich Sicherheit und regt Erkundungsverhalten an.

Zu in Hinsicht auf die Bedeutung gemeinsamen Fragens und Erkundens ähnlichen Empfehlungen kommen Konzepte wie »Sustained Shared Thinking« und »Responsive Sensitivität«. Sie tragen vor einem philosophischen Hintergrund dazu bei, Kindern respektvoll zu begegnen, mit ihnen gemeinsam nachzudenken und dabei nicht zu rasch instruktiv zu werden (Hildebrandt/Preissing 2012).

Frage
Dieser Abschnitt enthält zahlreiche »suggestive« Aussagen. Sind sie Ihnen aufgefallen? Lesen Sie den Text unter diesem Gesichtspunkt noch einmal durch.

10.2 Präsenz und Akzeptanz

Interesse und Neugier in der pädagogischen Haltung sind eng verbunden mit Präsenz und Akzeptanz. Nicht immer brauchen Frühpädagogen und Erzieher etwas zu tun. Oft ist es hilfreich, »präsent« zu sein, ein Kind mit seinem Verhalten möglichst weitgehend zu akzeptieren und sich von ihm leiten zu lassen.

Eine besondere »Übung« in dieser Haltung ist das für Eltern von Säuglingen und kleinen Kindern entwickelte *Watch, Wait and Wonder*-Verfahren. Es dient zur Verbesserung der Mutter-Kind-Interaktion und der Entwicklung von Bindung. Die Aufgabe besteht darin, den Säugling oder das Kleinkind eine umschriebene Zeit (anfangs etwa 20 Minuten) zu beobachten, abzuwarten und über ihn zu staunen. Die Eltern, oder in der Regel die Mutter, sollen »nichts tun« – nur auf die Signale des Kindes reagieren und möglichst keine eigenen Aktivitäten starten. Ein solches aufmerksames, präsentes und zurückhaltendes Sich-Einstellen auf ihr Kind ist vielen Eltern zunächst ungewohnt. Das Üben einer solchen Haltung fördert – in der Situation der Übung und darüber hinaus im Alltag – die Feinfühligkeit der Eltern im Umgang mit ihrem Kind und die Qualität der Bindung.

Diese Form von Präsenz, die interessiert aufnimmt und akzeptiert, was vom Kind initiiert wird, ist ein wichtiger Teil elterlichen Verhaltens. Sie ist in der Regel in eine aktive Haltung mit Wünschen, Erwartungen und Aktivitäten der Eltern eingebettet. Wenn sich Pädagoginnen individuellen Kindern oder einer Gruppe zuwenden, brauchen sie eine präsente, akzeptierende und aktive Haltung. Sie können in diesem Sinn deutlich zeigen, dass sie sich interessieren und um eine Verständigung bemühen.

Es ist für eine solche Haltung oft hilfreich, nicht aufgrund von Vorwissen über die Kinder zu generalisieren, sondern auf die manifeste Konfliktsituation zu blicken: Warum reagiert dieses Kind in dieser Situation in dieser Weise? Mit dieser Frage versetzen Sie sich in die subjektive Situation des Kindes und nehmen die Perspektive der empathischen Selbstbeschreibung statt einer objektivierenden Fremdbeurteilung ein. Damit wird immer auch die Beziehung des Kindes zu ihnen wichtig genommen. Anfänge in Kindergarten oder Schule, Vertrauen fassen, Abschiede – die Situation im Hier und Jetzt wird als wichtiger Faktor von Bildung und Erziehung mit reflektiert.

Mit einem solchen Vorgehen ist nicht gemeint, dass Sie sich aufdrängen und sich selbst übermäßig wichtig nehmen. Aber ein »Hast du gewartet?« oder »Wir werden uns nur noch die nächsten zwei Tage sehen, dann bin ich im Urlaub« weist darauf hin, dass Sie eine Verletzlichkeit gegenüber Trennungen in Rechnung stellen. Eine gestaltete Begrüßung morgens und ein Abschied, der mit einem persönlichen Bezug aus dem, was am Tag passiert ist, verbunden wird, machen spürbar, dass Sie dem Kind verbunden bleiben, auch wenn es zu Hause ist. Diese Erfahrung ist ein wichtiger Schritt zum Entwickeln der Fähigkeit, für sich allein sein und sich trennen zu können – »Ich weiß, dass der andere für mich da ist, auch wenn er fort ist« –, der so genannten »Objektkonstanz«. Trennungen von wichtigen Bezugspersonen sind leichter zu ertragen, wenn es etwas gibt, dass an die abwesende Person erinnert – ein Foto, Kleidungsstück oder etwas anderes, das zum Symbol für die Beziehung geworden ist (auch z. B. ein Wort oder ein Laut). Viele Kinder haben ein sogenanntes »Übergangsobjekt«, einen Teddy, ein Kuscheltier oder ein Tuch, das nicht verloren gehen darf und nicht verändert werden soll. Es repräsentiert einen Aspekt der Bindungsbeziehung und gehört sowohl zur äußeren als auch zur inneren Welt des Kindes. Vorübergehende Trennungen werden in Gegenwart eines Übergangsobjekts erleichtert. In der Regel verliert der gewählte Gegenstand mit der Bildung stabil verinnerlichter Bilder der Bezugsperson irgendwann diese Funktion.

> **Frage**
> Wie erleben Sie Ihre Präsenz in vorübergehenden Betreuungssituationen (in fremden Gruppen oder Klassen als Vertretung oder in Praktika) unter dem Gesichtspunkt der Aufrechterhaltung einer Beziehung über die Trennungen hinweg? Vergessen die Kinder Sie an den Tagen, an denen Sie nicht da sind?

Beispiel

»Für mich ist es nicht leicht, nur einen Tag in der Woche ein Praktikum zu machen. In meiner vorherigen Einrichtung kam ich immer am ›Nudeltag‹. Das war für die Kinder klar verständlich, und sie haben sich jede Woche auf mich gefreut. Ich habe ihnen immer gesagt, dass ich an den anderen Tagen in der Woche noch etwas lernen muss. Nur ein Junge hat mich jede Woche wieder von Neuem gefragt, wo ich denn gestern war. In meiner jetzigen Einrichtung ist es schwerer. Ich arbeite in einer Krippe und merke, wie mich die Kinder jede Woche wieder erst einmal komisch anschauen und sich an mich gewöhnen müssen. Auch ich muss mich jede Woche wieder neu eingewöhnen und jede Woche wieder Beziehungen neu aufbauen. Die kleinen Kinder verstehen nicht, warum ich nur einmal die Woche komme, wohingegen die älteren Kinder sich immer wieder auf mich freuen.«

Besonders dann, wenn Arbeitsbedingungen nicht ideal sind und Pädagogen Enttäuschungen der Kinder ertragen müssen, ist es hilfreich, Erzählungen auch auf ihre Bedeutung für die aktuelle Beziehung zu prüfen (»Warum erzählt mir dieses Kind gerade jetzt diese Geschichte?« – »Hat das, was es erzählt, etwas mit mir oder mit der Beziehung zu mir zu tun?«). In der Regel ist dies ein stilles Reflektieren, die dabei entstehenden Vermutungen werden nicht explizit gemacht oder angesprochen. Mit Übung wird dieses Überlegen Teil eines impliziten professionellen Beziehungswissens.

Beispiel

»Es ist mein erster Tag im Hort und Sylvia (acht Jahre alt) fragt mich, ob ich etwas mit ihr spiele. Daraufhin setzen wir uns an einen Tisch und spielen *Elfer raus*. Als wir fertig sind, kommt eine Gruppe Kinder an und fragt mich, ob ich ihnen einen Ball rausgeben kann. Ich stehe auf – und in diesem Moment erzählt mir Sylvia, dass sie in der Schule keine Freunde hat und sowieso nur eine Freundin hat, die aber nicht auf ihre Schule geht. Ich gebe den anderen Kindern den Ball vom Schrank und spiele den Rest des Tages mit Sylvia. Als ich am Abend über die Situation nachdachte, erkannte ich, warum sie mir das erzählt hatte. Ich glaube Sylvia hat mir grade in diesem Moment erzählt, dass sie keine Freunde hat, weil sie Angst hatte, dass ich etwas mit den anderen Kindern mache und sie wieder allein spielen muss. Da ich neu war, noch keinen kannte und mich ihr widmete, war es eine Chance für sie, eine Bezugsperson im Hort zu finden. Seitdem verbringen Sylvia und ich immer wieder Zeit zusammen, und seit einiger Zeit spielen auch andere Kinder häufiger mit uns mit.«

Sylvia wird in ihrem Beziehungswunsch von der Erzieherin verstanden. Diese reagiert darauf handelnd, spricht ihr Verstehen der Situation aber nicht an. Damit ist sie in einem pädagogischen Sinn präsent und taktvoll. Pädagogisches und therapeutisches Handeln unterscheiden sich hier. Eine Therapeutin würde Sylvias Wunsch vermutlich ansprechen. Das Ansprechen der Beziehung zwischen zwei Personen im Alltag außerhalb eines besonderen geschützten Rahmens erleben die meisten Menschen aber als eine Form von Kritik oder sogar als Zurechtweisung. Tatsächlich wird in Alltagsgesprächen ein »Reden« über eine Beziehung meist als Versuch einer Reparatur eingesetzt. Ein Ansprechen der Beziehung zum Kind oder zu Eltern kann also leicht so verstanden werden, als sei etwas »nicht richtig« und müsse repariert werden. Oft hilft es, Interaktionen innerhalb der Beziehung zunächst in Hinsicht auf beobachtbare Ich-Funktionen anzusprechen (»Da probierst du etwas Neues aus«; »Da hast du viel ausgehalten, bevor du mich um Hilfe bittest«). Die genaue Beobachtung und eine damit einhergehende Bestätigung können dann dazu beitragen, Beziehungen zu vertiefen.

10.3 Wahrnehmen und Differenzieren von Gefühlen

Arbeit mit Kindern ist eng verbunden mit Gefühlen: dem Sich-bewegen-Lassen durch Gefühle, dem Erraten von Zusammenhängen mit dem inneren und äußeren Erleben eines Kindes, dem Wahrnehmen und Bestätigen des gemeinsam Erlebten. Je jünger die Kinder sind, desto offensichtlicher ist dies. Für viele Menschen trägt es zum Zauber des Umgehens mit Kindern bei. In ihrer professionellen Arbeit versprachlichen Pädagoginnen und Pädagogen Affekte, erkunden Auslöser und versuchen eine Differenzierung – damit sich der Reichtum unterschiedlicher Gefühle und Vorstellungen entfalten kann. In komplexen Situationen übernehmen Gefühle Steuerungsfunktionen im Erleben und Verhalten. Die Wahrnehmung und Differenzierung von Gefühlen und ihre Gestaltung in interpersonellen Beziehungen sind daher zentrale Bestandteile von Bildung.

In Kapitel 6.1 (Gefühle als Organisatoren von Entwicklung) und in Kapitel 9 ist gezeigt geworden, dass es kleinen Kindern hilft, wenn ihre Gefühle möglichst feinfühlig wahrgenommen und dann »markiert gespiegelt« werden. Über ein markiertes Spiegeln ihrer eigenen Affekte durch wichtige Bezugspersonen lernen Kinder, sich im Gesicht der anderen selbst zu erkennen. Eine nicht passende Spiegelung ist schädlich – Kinder sollten sich nicht zu sehr an die Bedürfnisse und Wahrnehmungen ihrer Bezugspersonen anpassen müssen. Auch sozial nicht erwünschte Gefühle haben ihren Platz. Es ist für ihre diffenzierte Wahrnehmung und spätere Steuerung gerade wichtig, dass sie benannt werden. Möglicherweise beschämende und nicht konventionelle Gefühle können beachtet und angenommen werden, damit Kinder sich mit ihnen entwickeln und lernen, sie in Beziehungen zu gestalten und zu kontrollieren. Wieder ist es hilfreich, das Erleben der Kinder mit ihnen gemeinsam zu erkunden (»Wie war das denn für dich gerade?«) und nicht schon zu wissen. Ein suggestives »Da warst du wütend« kann fragend formuliert werden (»Da warst du wütend?«). Die Pädagogin kann sich auch selbst fragen, inwieweit ihre Aussage der eigenen Entlastung dient: Beendet sie einen Kontakt zum Kind mit einem »So war das also!« oder zeigt sie Interesse und Präsenz?

Das Aufgreifen und Erkunden von Gefühlen dient der Verbesserung sozialer Kompetenzen. Pädagogen können hier *Ich-Funktionen* ansprechen, die zum Regulieren von Beziehungen beitragen – etwa die Fähigkeit, sich auf einen anderen »einzustimmen«. Programme zur Gewaltprävention in unterschiedlichen Altersgruppen (z. B. *Faustlos* oder *Denkzeit*) legen viel Wert darauf, ein differenziertes Wahrnehmen von Gefühlen zu fördern. Wenn aus »cool, geil und scheiße« für die Beschreibung von Interaktionen eine differenzierte Palette zum Beschreiben von Affekten bei anderen Menschen und bei einem selbst wird, hilft dies bei der Steuerung des eigenen Verhaltens. Ohne eine solche Differenzierung und sprachliche Verankerung der Affektwahrnehmungen erschwert das Erleben – wenig differenzierter – Gefühle die Steuerung von Verhalten. Pädagoginnen und Pädagogen finden ein Eingehen auf kindliche Emotionen unterschiedlich leicht. Sie bringen eigene Erfahrungen und unterschiedliche Temperamente in ihre professionelle Arbeit mit. Selbst dann, wenn ihnen ein »Gefühlskontakt« zu Kindern in der Regel gelingt, gibt es meist Bereiche, in denen das weniger leicht ist. Das Umgehen mit sogenannten »nachtragenden Affekten«, mit sinnlichen Lustempfindungen und dem Trennungsschmerz ist eine Herausforderung in der Arbeit mit Kindern und Jugendlichen. Gerade hier gehen Erfahrungen aus der eigenen Kindheit in die persönliche, nur teilweise bewusst reflektierte Haltung ein. So kann die Arbeit mit Kindern, die diese Gefühle zeigen, eine besondere Belastung werden.

»Nachtragende Affekte« – Groll, Rache, bestimmte Formen von Neid (»Missgunst«) – sind sozial besonders unerwünscht und verpönt. Sie werden in Bildungseinrichtungen oft ignoriert. Wenn sie angesprochen werden, können sie leicht mit dem Erleben von Beschämung verbunden sein. Eine akzeptierende Haltung trägt hier dazu bei, diese Emotionen benennen, wahrnehmen und steuern zu lernen. Zu einem Interesse am Erleben eines Kindes gehört auch die Bereitschaft, sich nicht angepasstem Verhalten und den damit verbundenen Emotionen auszusetzen. Es mag zu einem offenen Interesse an diesen Affekten beitragen, dass sie für die Steuerung aggressiven Verhaltens eine große Rolle spielen. So erzählte ein wiederholt gewalttätig gewordener Jugendlicher: »Ich glaube, ich habe erstmals einen richtigen Groll bei mir bemerkt.« Die Pädagogin erkundigte sich genauer und bestätigte ihm mit ihrem interessierten Verhalten, dass er auf diese Entdeckung stolz sein könne. Das differenzierte Erleben und Benennen des Affekts Groll (statt, wie vorher, die Wahrnehmung eines diffusen, nach gewalttätiger Entladung drängenden Spannungszustands) ermöglichte dem Jugendlichen neue Handlungsmöglichkeiten mit einer besseren Kontrolle des eigenen Verhaltens. Die Haltung der Pädagogin und das Erleben von Stolz trugen als neue Erfahrungen zur Integration des Gelernten bei.

In der sinnlichen Bildung spielen Affektwahrnehmung und -differenzierung eine wichtige Rolle – zugespitzt könnte man formulieren, sinnliche Bildung sei die Schule einer differenzierten Wahrnehmung von Emotionen. In diesen Bereich gehören die Entdeckungen guten Essens und der damit verbundenen Wahrnehmungen, das Schmecken, Riechen, Tasten und Fühlen, das körperliche Empfinden beim Sport und das gemeinsame Erleben von Musik. Bildungseinrichtungen brauchen Zeit und Interesse, um die damit verbundenen Gefühle von Lust, Befriedigung und Glück zu ermöglichen. Genießen lernen ist nicht leicht.

Die Entdeckung der Lust am eigenen Körper – Lutschen, der Stuhlgang, Pinkeln, die Erkundung der Genitalien, Streicheln, Doktorspiele und Masturbation – ist eng mit sozialer Kontrolle verbunden. Feinfühligkeit von Pädagoginnen und Pädagogen entwickelt sich hier auf der Grundlage einer eigenen reflektierten Haltung: Womit ist mir wohl? Was ist mir zu viel? Übergehe ich meine Unsicherheit, indem ich mich diesem Bereich kindlichen Erlebens verschließe oder mir Sicherheit durch eine Ideologie verschaffe? Scham hat hier eine Schutzfunktion, die sorgsam von Beschämung unterschieden werden muss. Kinder lernen beim Entdecken ihrer sexuellen Lustgefühle und deren allmählicher Integration auch die Differenzierung von privatem und öffentlichem Leben, ein Respektieren der Grenzen anderer und das Achten auf die eigenen Grenzen (siehe Kapitel 11).

Ideologische Haltungen verlassen die Betrachtung eines individuellen Kindes. Sie geben dadurch Sicherheit, dass ein feinfühliges Verhalten – mit den Möglichkeiten, sich zu irren – nicht mehr notwendig ist. Was und wie es »richtig« ist, ist ja geklärt. Die frühe Kontrolle von Körperfunktionen – wie etwa bei der frühen Reinlichkeitserziehung – aber auch die Zuschreibung von geschlechtsstereotypen Rollen oder ein Ignorieren von Scham sind Hinweise auf ideologische Haltungen.

Auch Trennungsangst und Trennungsschmerz von Kindern erfordern feinfühliges Verhalten der – neuen – Betreuer. Es ist anstrengend, sich als Pädagogin oder Pädagoge diesem Schmerz zuzuwenden. Scheerer (2006) hat die Wünsche eines Kleinkinds anschaulich beschrieben:

»Ich möchte warme Milch, wenn ich Hunger habe und die warme Haut meiner Mutter fühlen. Ich möchte keine Angst haben müssen. Ich möchte, dass meine Eltern niemals fortgehen und immer bei mir bleiben und mit mir spielen. Ich möchte mich freuen können und meine Eltern erfreuen und glücklich machen. Ich möchte weinen dürfen und getröstet werden und so oft ich will auf den Arm. Ich möchte kuscheln und gestreichelt werden. Ich möchte mich auch verweigern dürfen, nicht hergeben müssen, sondern zurückhalten dürfen. Ich möchte Geschwistern nichts abgeben müssen, sondern alles für mich allein bekommen. Ich möchte immer fragen dürfen, um verstehen zu lernen. Ich möchte, dass meine Eltern Zeit für mich haben, wenn ich sie brauche. Ich möchte allem, was mich bewegt, spielerisch Ausdruck geben dürfen. Ich möchte bewundert werden und ich möchte meine Eltern bewundern. Ich möchte meine Mutter/meinen Vater ganz für mich allein haben und kein Dritter soll dabei sein. Ich möchte meinen Körper mögen und zeigen und andere Körper anschauen und erforschen. Ich möchte traurig, ärgerlich und wütend sein dürfen. Ich möchte das Maß von allem bestimmen dürfen, das mit mir geschieht. Ich möchte vertrauen und lieben dürfen. Ich möchte mich stark fühlen und alle Feinde besiegen.«

Es ist eine leidvolle Erfahrung, dass diese Wünsche an enge Grenzen stoßen. Trennungen von den Eltern verschärfen diese leidvolle Erfahrung drastisch – der Schmerz eines Kindes bei der Aufnahme in Krippe, Kindergarten oder Internat ist auch in der professionellen Haltung hierzu deutlich spürbar. Wieder bieten ideologisch begründete Haltungen (z. B. ein forciertes Betonen der Selbstständigkeit des Kindes oder des zu erwartenden »Nutzens« einer Fremdbetreuung für die Bildung des Kindes) Sicherheit und Beruhigung – für die Betreuer. Wenn damit ein Ignorieren der Affekte des Kindes verbunden ist, erschwert dies die Bewältigung der Trennung.

Beispiel
»Die zweijährige Jana kommt oft sehr spät in den Kindergarten. Sie ist nicht in meiner Gruppe. Eines Vormittags sprach ich sie an. Sie drehte sich zu mir um, fing an zu weinen und ergriff die Flucht vor mir.

Überrumpelt von ihrer Reaktion beschloss ich, mehr über das Mädchen herauszufinden. Mir wurde erzählt, dass Jana ›etwas anders‹ sei, selten engen Kontakt zu anderen Kindern sowie zu Erziehern zulasse und meist bis zum Mittagessen brauche, um mit den anderen Kindern Kontakt aufzunehmen.

Durch eine Umstrukturierung ist Jana jetzt in meiner Gruppe. So konnte ich die ›Schwierigkeiten‹ nach der Trennung von den Eltern selbst miterleben. Jana verkroch sich nach der langen Verabschiedung ihrer Eltern oft unter Tischen oder in der letzten Ecke im Garten und reagierte auf meine Interaktionsversuche mit Weinen. Ich versuchte, mich einfühlsam mit Beachtung ihrer Reaktion anzunähern und Kontakt aufzunehmen. Wir sprachen darüber, wie sehr sie ihre Eltern vermisst. Dies ging mehrere Tage so. Seitdem kommt Jana jeden Morgen auf direktem Wege zu mir und verbringt die ersten Minuten an meiner Seite, um dann in ihren Kindergartentag zu starten. Die anderen Erzieher und auch ich waren erstaunt über den großen Effekt meiner kleinen Bemühungen. Ich weiß das Vertrauen, dass mir Jana schenkt, sehr zu schätzen und hoffe, dass es ihr trotz meines Abschieds von der Gruppe in wenigen Wochen weiterhin leichter fallen wird, die morgendliche Trennung von ihren Eltern zu überwinden.«

10.4 Anerkennen, Grenzen setzen und antworten

Kinder und Jugendliche – und auch Erwachsene – brauchen die Erfahrung, als Gegenüber gesehen und anerkannt zu werden. In seiner Eigenart, seinen Wünschen und Erwartungen gesehen und anerkannt zu werden, ist eine Erfahrung, die Kinder in Schulen und anderen Bildungseinrichtungen zu selten machen können – und die sie schon in kleinen Dosen dankbar annehmen. Die interessierte und feinfühlige Wahrnehmung eines Kindes beinhaltet bereits ein Element der Anerkennung. Sie ist Teil des »Nicht schon wissens«, der Präsenz und Akzeptanz in pädagogischen Beziehungen. Auch ein persönliches »Antworten« von Lehrerinnen und Lehrern (»Das ist mir zu viel jetzt. Ich kann mich bei diesem Lärm nicht konzentrieren«) ist eine Anerkennungserfahrung. Beschreiben Pädagoginnen und Pädagogen dabei ihre eigene Reaktion auf Handlungen des Kindes, so ist dies zugleich eine pädagogisch wirksame Form einer Grenzsetzung. Sie fördert Ich-Funktionen (im Beispiel: Selbst- und Fremdwahrnehmung, Empathie).

Ein feinfühliges Setzen von Grenzen vermittelt Kindern ebenfalls Anerkennung. Sie erleben, dass ihr Handeln Einfluss auf ihr Gegenüber hat, dass sie etwas bewirken. Ihr Gegenüber nimmt dies wahr, antwortet und reagiert. In Schulen und Horten scheint dies kein sehr hoher Anspruch. In der Praxis wird er aber oft nicht befriedigend eingelöst. *Antworten*, die aus der Perspektive des Pädagogen gegeben werden, sind auch dann wirksam, wenn Beschreibungen des Verhaltens von Kindern (»Ihr seid zu laut!«) oder direkte Anweisungen (»Leiser!«) nicht mehr wirken. Psychotherapeuten haben sich ausführlich mit den Wirkungen von »Antworten« beschäftigt und sie als eine Interaktionsform beschrieben, die professionell eigene Reaktionen des Therapeuten und seine Gegenübertragung in die Beziehung einbringt. Anworten in diesem Sinn (am deutlichsten formuliert in der psychoanalytisch-interaktionellen Methode PIM) ist etwas anderes als ein Beschreiben (»Deuten«) aus einer nach Objektivität strebenden Perspektive.

Anwortende Reaktionen sind für vielfältige pädagogisch wichtige Situationen in den Büchern von Jesper Juul beschrieben. Ein Blick auf entwicklungspsychologische Modelle und auf das Konzept der Regression trägt dazu bei, die besondere Wirkung dieser »antwortenden« Reaktionen zu verstehen. Sie sind in vielen Situationen hilfreich, immer aber dann notwendig, wenn Kinder oder Eltern nicht oder noch nicht mentalisieren können. Verschiedene Möglichkeiten, »antwortend« zu reagieren, werden daher hier für kleine Kinder und für Funktionsmodi vor der Entwicklung von Mentalisieren beschrieben.

Im *funktionalisierenden Modus* (auch »teleologischer« Modus genannt) wird über den anderen zur Befriedigung eigener Bedürfnisse verfügt. Ein Kind quengelt nach Süßigkeiten in einer Situation, in der es davon ausgeht, dass der andere seinem Wunsch nicht viel entgegensetzen kann. Es kann die Not des anderen schon wahrnehmen und berücksichtigen, tut dies aber nicht. Hier sind Antworten als ein »Kontrapunkt« wichtig. Ein antwortendes »Das ist mir jetzt zu viel!« vermeidet einen Machtkampf oder eine moralische Verurteilung (beides häufige Ergebnisse von Auseinandersetzungen in diesem Modus). Es eröffnet einen reflektierenden Umgang mit der Interaktion, dem Erleben des anderen und damit der wechselseitigen Beziehung. Zunächst war das Erleben eines Gegenübers in einem funktionalisierenden Modus für das Kind nicht wichtig. Die Pädagogin soll und muss aus Sicht des Kindes lediglich in einer bestimmten Weise funktionieren. Eine Veränderung dieses Modus wird durch ein persönliches und bezogenes »Antworten als Kontrapunkt« erleichtert. Bei diesen Antworten ist die Dosierung, das Timing und der nonverbale Anteil der Interaktion wichtig. Es wird Beziehung aufgenommen und gleichzeitig Abgrenzung vermittelt. Eine solche hilfreiche, respektvoll abgegrenzte Beziehung ist zunächst oft ungewohnt. Sie kann rasch ein Lernfeld werden. Eltern können sich bei Pädagoginnen und Pädagogen in Kindergarten und Schule dabei auch etwas für die Beziehung zum eigenen Kind abgucken. Für Menschen in Krisensituationen, denen die Fähigkeit zum Mentalisieren vorübergehend verloren gegangen ist, sind solche Antworten hilfreich, weil sie Kompetenz vermitteln und Vertrauen fördern.

Kinder im *Als-ob-Modus* laden geradezu dazu ein, »antwortend« mitzuspielen (Beispiel in Kapitel 6.1). In dieser Form der Beziehungsgestaltung sind innere und äußere Welt voneinander getrennt und relativ unabhängig. Wenn erwachsene Menschen über sich sprechen, dabei aber distanziert bleiben und wenig emotionale Bewegung zeigen (z. B. »Psychologisieren«), können Berater überlegen, ob dies vor dem Hintergrund einer Beziehung im *Als-ob-Modus* geschieht. Die Klienten (oder Eltern) versuchen dann etwa, eine von ihnen erwartete Rolle gut auszufüllen. Sie »spielen« diese Rolle. Möglicherweise sind sie mit etwas Eigenem beschäftigt und nur teilweise bei ihrem Kind, um das es »eigentlich« geht?

Wenn es gelingt, hier eine Antwort zu finden, werden die zunächst ohne deutliche Affekte vorgetragenen Überlegungen von Eltern möglicherweise lebendiger und mit dem eigenen Erleben verknüpft, so dass sich wieder Handlungsmöglichkeiten entwickeln.

Beispiel

Eine Frühpädagogin hört in einem Krisengespräch von den beruflichen Belastungen einer alleinerziehenden Mutter, deren Kind andere Kinder beißt. Die Mutter wirkt wenig beteiligt, das störende Verhalten des Kindes soll schnell »weggemacht« werden. Die Pädagogin sieht, wie die Mutter »funktionieren« muss und dies auch von ihrem Sohn verlangt, für den sie wenig Zeit hat. Sie sagt: »Wenn ich mir vorstelle, was Sie da leisten müssen – ich hätte da nicht viel Raum für die Wünsche eines kleinen Kindes. Vielleicht würde ich denken, der muss jetzt einfach funktionieren.« Die Mutter ist nach dieser Antwort deutlich stärker emotional beteiligt. Sie verbindet jetzt ihr eigenes Erleben mit dem ihres Kindes, ist bei sich und zugleich auf ihr Kind und die Beraterin bezogen.

Wenn Kinder oder Eltern sich in einem *Äquivalenzmodus* befinden (innere und äußere Welt sind identisch oder eng miteinander verbunden), ist zunächst ein spiegelndes Antworten hilfreich, mit dem eine »mütterlich-entwicklungsfördernde« Haltung verbunden ist. Hier kann gegenüber Kindern meist auf ein intuitives elterliches Verhalten zurückgegriffen werden. Erwachsenen gegenüber können Pädagogen in einer solchen Antwort ihre Verbundenheit ansprechen, aber auch die Tatsache, dass sie die Affekte – etwa der Eltern – nicht in dieser Form und Heftigkeit erleben. »Auf mich wirken Sie jetzt in Not, wenn Ihr Kind hier im Raum so aufdreht.« Gerade um die mit einem solchen Verhalten des Kindes verbundene Beschämung aufzufangen, kann ein Antworten in Übereinstimmung hilfreich sein: »Ich kenne das auch, dass ich mich ein wenig schäme, wenn meine Kinder sich bei fremden Leuten nicht so benehmen, wie ich das gerne möchte.«

Antwortendes Verhalten hilft auch trotzenden Kindern. Der Konflikt eines Kindes in seinem Trotz (siehe auch Kapitel 4.4), z. B. ein »Ich bin ganz außer mir und brauche dich so dringend, aber ich will es doch allein haben/machen und kann es nicht ertragen, von dir abhängig zu sein«, ist zunächst nicht auflösbar. Kind, Eltern und Pädagogen sind gleichermaßen hilflos. Antwortendes Verhalten bietet einen Weg aus dem sonst oft folgenden Machtkampf, wenn es dieses Erleben aufgreift und teilt: »Ich verstehe, dass du … willst, aber ich will das nicht. Ich will jetzt weiter und bin darauf angewiesen, dass du mitmachst. Sonst weiß ich auch nicht, was wir jetzt tun können.«

Mit einer solchen Antwort betont die Pädagogin ihre Verbindung zum Kind und beschreibt gleichzeitig ihre Abgrenzung. Eine solche »bezogene Abgrenzung« macht es Kindern oft leichter, ihren Konflikt – vorläufig – beiseite zu legen und wieder zu kooperieren. Beide Seiten haben ein wenig »recht« bekommen, keine hat ihr Gesicht verloren. Antworten im Sinne der psychoanalytisch interaktionellen Methode PIM werden in der Arbeit mit Jugendlichen, der sozialen Beratung, der Säuglings-Kleinkind-Eltern-Psychotherapie und der Arbeit mit Gruppen eingesetzt.

10.5 Eigene Wünsche von Pädagogen: Abstinenz und Neutralität

Wissen um die nicht dauerhaft auflösbaren, sich immer wieder neu stellenden inneren Konflikte von Kindern trägt dazu bei, als Pädagogin vorsichtiger mit eigenen, »suggestiven« Stellungnahmen und Ratschlägen zu sein. Kinder lernen, zu erkunden und selbst zu entscheiden, wenn Pädagogen sie nicht für eigene Wünsche und Erwartungen benutzen (Abstinenz beachten) und versuchen, innere und äußere Konflikte möglichst offen zu erkunden, statt für eine der Seiten Partei zu ergreifen (Neutralität anstreben). Das bedeutet nicht, dass Pädagogen fern und wenig berührbar sein sollen. Im Gegenteil: Präsenz und ein »antwortendes« Verhalten sind gerade dann dauerhaft möglich, wenn sich die Aufmerksamkeit auf ein Kind und auf die eigene Person in der Beziehung zu diesem Kind richtet. Idealerweise kommt es zu einem Schwingen zwischen empathischem Identifizieren im »Mitspielen« und einem neugierig-interessierten Nachdenken über das Geschehen und das eigene Erleben, der »Reflexion«.

Das feinfühlige Erkennen von Wünschen und Erwartungen von Kindern bleibt dabei eine dauerhaft interessierende Aufgabe – auch für erfahrene Pädagoginnen, Pädagogen und Eltern. »Nicht schon zu wissen«, wie ein Kind etwas erlebt, hilft gegen ein vorschnelles, suggestives und möglicherweise einseitiges oder falsches Attribuieren von Affekten. Aus der Psychotherapieforschung wissen wir, dass Interventionen, die die Gefühle eines Patienten in einer Situation benennen (z. B. ein als empathisch verstandenes »Da warst du sicher traurig«) kaum Einfluss auf den Erfolg einer Therapie haben. Häufig werden solche Bemerkungen nicht als von echtem Interesse getragen erlebt. Sie scheinen dann eher etwas »abzuschließen« und die Interaktion zu beenden. Wenn Therapeuten dagegen statt der Gefühle ihrer Patienten die Wünsche und die von ihnen erwarteten Reaktionen anderer Menschen möglichst genau treffen, trägt dies zur Entwicklung von Vertrauen und zu einem guten Ergebnis von Therapien bei (Crits-Christoph u. a. 1988).

> **Frage**
> Möchten Sie mit dem Kind kuscheln, um dem Kind etwas Gutes zu tun, ist es ein Ihnen beiden gemeinsames Gefühl oder möchten Sie aus eigenen Bedürfnissen heraus mit dem Kind schmusen, um sich selbst besser zu fühlen? Die Grenzen und die Wünsche eines Kindes sind nicht immer leicht zu erkennen.

Zu einem feinfühligen Umgehen mit Wünschen von Kindern und Erwachsenen (hier zum Beispiel nach körperlicher Nähe) gehört das Wissen um die Konflikthaftigkeit dieser Wünsche. Das richtige Maß will für eine konkrete Situation gefunden werden, damit Nähewünsche erfüllt werden können, ohne dass Bedürfnisse nach Autonomie und Distanzierung übergangen oder verletzt werden. Aus dem Beachten der konflikthaften Natur von Wünschen ergeben sich die Forderungen nach Abstinenz und Neutralität.

Als Abstinenz wird in pädagogischen Handlungsfeldern das Bemühen verstanden, Wünsche von Kindern nicht selbstverständlich zu erfüllen und auch eigene Bedürfnisse in der Beziehung zu Kindern in deren Interesse zurückzustellen. Meist gehen beide Aspekte der Abstinenz Hand in Hand: Pädagogen, die Wünsche von Kindern in ihren beruflichen Beziehungen zu sehr befriedigen, geraten damit in Konflikt zur »anderen Seite« dieser Wünsche. Wird der Wunsch nach Nähe zu sehr befriedigt, wird sich der nach Abstand melden. So tun Frühpädagoginnen und Frühpädagogen oft gut daran zu prüfen, ob sie in einer besonders viel Nähe bietenden Beziehung zu einem Kind nicht eigene Bedürfnisse befriedigen, die in ihrem Alltag zu kurz kommen – Bedürfnisse nach Anerkennung etwa, nach Bewunderung, Sexualität oder dem Gefühl, geliebt zu werden. Abstinenz ist eine zentrale Aufgabe in professionellen Beziehungen, die von einem Ungleichgewicht in Hinsicht auf Macht und Einfluss geprägt sind. Sie wird von Therapeutinnen und Therapeuten gefordert, gilt aber ebenso für Erzieher und Pädagogen.

Beispiel
»Manchmal habe ich im Kindergartenalltag beobachtet, dass Erzieher Kinder plötzlich an sich gezogen haben, um sie zu drücken. Die Kinder schauen meist etwas irritiert und verwirrt. Eine Erzieherin nimmt sich die Kinder gerne zum Kuscheln auf den Schoß ohne dabei zu berücksichtigen, ob diese das gerade möchten. Sie berichtet oft, dass sie sich zuhause alleine fühlt und sich einen Kinderwunsch nie erfüllen konnte.«

Gerade kleine Kinder sind auf den Schutz angewiesen, den die Forderung nach Abstinenz in professionellen Beziehungen bietet. Das Anstreben einer neutralen Haltung geht noch etwas weiter. Neutralität zielt darauf ab, die verschiedenen Seiten eines Konflikts möglichst mit gleicher Aufmerksamkeit zu behandeln. Ziel ist wieder, Fähigkeiten des Umgehens mit Konflikten – Ich-Funktionen – zu fördern und die Autonomie von Kindern oder Erwachsenen in Beratungssituationen zu stärken. Für Pädagogen heißt dies zum Beispiel, nicht einseitig eine Über-Ich-Position einzunehmen (Regeln müssen durchgesetzt werden, es gibt wenig oder keine individuellen Besonderheiten – etwa in der Pädagogik der 60er-Jahre und der Krippenerziehung der DDR), aus einer dem Es nahen Position zu argumentieren (Wünsche kleiner Kinder sind möglichst zu befriedigen – wie etwa in der frühen Kinderladenbewegung) oder eine Ich-Position zu vertreten (Ich-Entwicklung forcieren über eine verfrühte Wissensvermittlung im Sinne eines missverstandenen Bildungsbegriffs, wie es derzeit oft propagiert wird). Mit dem Anstreben von Neutralität wird versucht, diesen verschiedenen Seiten der kindlichen Entwicklung gleichermaßen und gut genug gerecht zu werden. Jeden Menschen dabei neu und möglichst vorurteilsfrei zu sehen ist ein Ideal, das in einer dialektischen Spannung zur im Berufsleben gewonnenen Erfahrung steht.

Beispiel
»Ich habe oft die Erfahrung gemacht, dass Pädagoginnen und Pädagogen sich auf ihre Berufserfahrung berufen, wenn es um die Bewertung bzw. das Einschätzen kindlichen Verhaltens geht. Hier ist häufig der Blick für das Kind als Individuum verloren gegangen. Sicher kann man Erfahrungen in seine Reflexion mit einbeziehen, jedoch sollte von Fall zu Fall auch das jeweilige Kind, um das es geht, mit seinem eigenen sozialen Umfeld und anderen Einflüssen gesehen werden.«

Ein Kind neu, interessiert und möglichst vorurteilsfrei zu sehen, verlangt danach, als Pädagoge eigene unwillkürliche Reaktionen und Gefühle wahrzunehmen und zu reflektieren. Dann wird die Beachtung der Gegenübertragung, der Gefühle und Handlungsimpulse unterschiedlicher Intensität, die sich in der Arbeit mit Kindern und Eltern unvermeidlich einstellen, ein wichtiges pädagogisches Hilfsmittel. Die Intensität solcher professioneller Reaktionen kann hoch sein und herausfordern.

Gefühle sind das Resultat der unbewussten Verarbeitung einer Fülle von Informationen. Sie sind eine Entscheidungshilfe in komplexen Situationen: Mit der wachsenden Anzahl von für eine Entscheidung zu berücksichtigenden Faktoren werden rationale Entscheidungen unsicherer; erstaunlicherweise führen dann Intuition, Gefühl, und »reflektierte Erfahrung« zu besseren Ergebnissen. Es lohnt sich also, in komplexen Situationen auf die eigenen affektiven Reaktionen zu achten – die Gegenübertragung zu nutzen. Intuition kann geschult werden durch die Kombination aus Erfahrung, Wissen und persönlicher Reflexion.

Gegenübertragungsgefühle für pädagogische Beziehungen nutzbar zu machen, bedeutet zunächst zu prüfen, worauf sie zurückzuführen sind. Gegenübertragungsgefühle und aus ihnen abgeleitete Konsequenzen müssen am Wissen um einen Menschen, um seine Geschichte, seine aktuellen Konflikte und an der Weiterentwicklung der Beziehung validiert werden. Dabei ist die eigene, immer wieder sich einstellende Bereitschaft von Lehrern und Erziehern, in einer bestimmten Weise zu reagieren (»Ich weiß, dass ich mich mehr als andere ärgere, wenn mich jemand warten lässt«) ebenso in Rechnung zu stellen wie »Gegenübertragungsauslöser« – Eigenschaften von Kindern, auf die Pädagogen mit eigenen Übertragungen von Erfahrungen reagieren (»Dieses Kind spricht und bewegt sich genau wie meine ältere Schwester. Ich spüre geradezu ihre Rechthaberei von damals«).

Über diese überdauernden Eigenheiten hinaus wirken sich Belastungen und aktuelle Erlebnisse auf Beziehungen aus. So können bei beruflichen Rückschlägen, bei Streit in der Familie oder Trennungen vom Partner unerfüllte Wünsche nach Anerkennung oder Liebe in professionelle Beziehungen ausstrahlen. Therapeuten müssen diese eigenen Bedürfnisse reflektieren, wenn sie nicht die Behandlung stören sollen; für Pädagogen ist es hilfreich, sich dem Erleben von Ärger, Enttäuschung oder auch von Idealisierung auszusetzen und sich für dieses Erleben Zeit und einem Raum zu geben, z. B. in einer Teamsitzung oder Supervision. So kann leichter verhindert werden, dem Kind aggressives Verhalten in unreflektierter Form »heimzuzahlen« oder es für eigene Wünsche nach Anerkennung zu missbrauchen. Auch ein immer gleich bleibendes freundliches »Wohlwollen« kann ein Zeichen dafür sein, dass sich eine Pädagogin nicht mehr ernsthaft auf ihr Gegenüber einlässt. Kinder – und Erwachsene – merken gut, ob sie jemand wahrnimmt und »erkennt«, oder ein »herablassendes Wohlwollen« (mehr dazu: Streeck/Boothe 2000) ohne Ansehen des Gegenübers verteilt. Mit so einem herablassenden Wohlwollen ist manchmal die Erwartung verknüpft, nicht mit unangenehmen Affekten des Gegenübers »behelligt« zu werden – oder die Erwartung, für diese Haltung bewundert zu werden.

Bei aller notwendigen Vorsicht gegenüber einer unkritischen Nutzung von Gegenübertragungen und trotz der oben beschriebenen Störungsanfälligkeit: Angesichts der vielen in pädagogischen Beziehungen oder Beratungen zu integrierenden Informationen bleibt sie eine wichtige Leitschnur des Verstehens und Handelns. Bei erfahrenen Therapeuten lässt sich eine gute Übereinstimmung von Gegenübertragungsreaktionen auf Patienten zeigen – unterschiedliche Therapeuten reagieren in den zentralen Bereichen ähnlich. Hier wird von »objektiven« Gegenübertragungen gesprochen. Die nachträgliche Reflexion des eigenen, oft aus Aspekten der Gegenübertragung heraus »spontan« erfolgenden Handelns braucht einen besonderen Rahmen, der außerhalb des eigentlichen Kontakts mit

Patienten eingerichtet werden muss. Supervision ist für diese Aufgabe vorgesehen, kann sie aber nicht allein leisten. Manche Pädagoginnen und Pädagogen richten sich bewusst eine für die Reflexion der Arbeit täglich freigehaltene Zeit ein – z. B. auf dem Weg zur Arbeit. Sie beschreiben, wie sehr diese wenigen Minuten am Tag zu einer befriedigenden und erfolgreichen Arbeit beitragen.

Beispiel

Eine Erzieherin in Ausbildung schildert in der Supervision eine Szene aus ihrer Kita, in der ein Kind einen Trotzanfall hatte. Dort ist es üblich, den Kindern eine »Auszeit« zu geben. Die trotzigen Kinder werden allein in die Küche gesetzt. So wird ein in einem Trotzanfall weinender Junge vor den Augen der Praktikantin allein in die Küche geschickt, um sich dort zu beruhigen. Mit der Überzeugung, ein Kind im Trotzzustand nicht dem Gefühl des Alleinseins überlassen zu wollen, geht die Praktikantin entgegen der Anweisung der Erzieherin in die Küche, um ihn zu trösten. In der Supervision erfragt sie, warum die Erzieherin über ihr Handeln so verärgert sei. Die Teilnehmer an der Supervision versetzen sich in die Situation der Erzählerin, aber auch in die der Erzieherin. Sie beschreiben, wie durch die Handlung der Praktikantin die Autorität der Erzieherin in Frage gestellt wurde. Ihr wird im Gespräch klarer, warum die Erzieherin so reagierte. Sie will bestimmte Dinge jetzt früher und in einer ruhigeren Situation ansprechen. Durch den Austausch in der Gruppe oder das gezielte Überdenken konkreter Situationen werden andere Sichtweisen und mögliche Lösungen für Konflikte deutlich. Die Teilnehmenden gewinnen mehr Sicherheit für ihr Handeln.

10.6 Eingewöhnung

Bindungstheoretische Überlegungen und Ergebnisse empirischer Untersuchungen haben dazu geführt, dass die »Eingewöhnung« von Kindern bei der Aufnahme in eine Krippe oder einen Kindergarten inzwischen weitgehend gelebte Praxis ist. Dass sie häufig nicht ausreichend gut durchgeführt wird, ist in vielen Elternforen nachzulesen. Kapitel 10.3 enthält eine Beschreibung der dringenden Wünsche und Bedürfnisse kleiner Kinder, die bei einer Trennung von den Eltern und der Betreuung in Krippe oder Kindergarten berücksichtigt werden müssen. Kleine Kinder brauchen an ihrem neuen Ort eine Bindungsperson, damit sie sich sicher fühlen und Bildungsangebote nutzen können.

Erzieherinnen und Erzieher brauchen in der Eingewöhnungszeit viel Feingefühl. Mit der Unterstützung von Mutter oder Vater soll eine Bindungsbeziehung aufgebaut werden, die dem Kind die zeitweise Trennung von den Eltern ermöglicht. Das »Berliner Eingewöhnungsmodell« gibt dazu konkrete Hinweise (Hédervári-Heller 2011): Eltern werden zum Ablauf der Eingewöhnung informiert. Sie bleiben in den ersten drei Tagen gemeinsam mit ihrem Kind in der Kita. Nach einer ersten Trennung von den Eltern wird unter Berücksichtigung der Reaktion des Kindes die Trennungszeit zunehmend länger gestaltet und ein Abschiedsritual entwickelt. Im Laufe von drei bis vier Wochen kann die Eingewöhnung in der Regel abgeschlossen werden. Das Kind hat dann eine Bindungsperson in der Kita, an die es sich in Belastungssituationen wenden und die es trösten kann.

Nicht selten wird dieses zeitaufwändige Vorgehen von Eltern und auch Pädagoginnen und Pädagogen nicht geschätzt. Oft ist dann zwar das Vorgehen bekannt, aber nicht die zugrundeliegende Theorie des Aufbaus einer Bindungsbeziehung. So kann mit Überzeugung vertreten werden: »Früher hat das auch so geklappt!« Möglicherweise wird die Erziehung zur Unabhängigkeit eines Kindes als ein hoher Wert angesehen. Kinder sollen dann zum Beispiel als Abschiedsritual am Morgen ihre Eltern »aus der Türe stupsen«. Sie werden damit zu aktiv handelnden, sich selbst trennenden Personen – eine Rolle, die eine Trennung möglicherweise kurzfristig vereinfacht, die Kinder mit ihrem Abschiedsschmerz aber noch stärker allein lässt. Noch heute finden sich in manchen Kitas Hinweistafeln mit der Aufschrift: »Ab hier kann ich alleine gehen!« Eine solche Haltung geht einher mit der Sorge, Kinder zu »verwöhnen«. »Eingewöhnung ist Verarschung der Kinder!«, formuliert eine Erzieherin drastisch. Eigene enttäuschende und leidvolle Erfahrungen sollen – als Vorbereitung auf das Leben – Kindern weitergegeben werden.

Manchmal ist eine aus Sicht der Eltern mühsam erreichte Eingewöhnung nutzlos, wenn die Bezugspädagogin am ersten Arbeitstag der Mutter krank oder im Urlaub ist, oder der Betreuungsschlüssel eine tröstende Begrüßung nicht zulässt. Eltern nehmen dann ihr verzweifelt weinendes Kind wieder mit nach Hause.

Auch der Wechsel in eine neue Gruppe oder eine Krippe oder einen Kindergarten an einem anderen Ort erfordert eine neue Eingewöhnung (oft, aber nicht immer, gelingt diese rascher). Ein Kind ist nicht, »ein für alle mal« eingewöhnt – mit dem Verlust der sichernden Bindungsperson in der alten Gruppe oder Kita braucht es am neuen Ort wieder den Aufbau einer Bindungsbeziehung zu einer Person, die dort regelmäßig und zuverlässig präsent ist, um Sicherheit zu geben und bei Bedarf trösten zu können.

Ein Kind einzugewöhnen, ist für alle Beteiligten eine Herausforderung. Für die Eltern ist die Trennung vom Kind in der Regel mit ambivalenten Gefühlen verbunden. Sie sind hin- und hergerissen zwischen eigenen Wünschen nach mehr

Unabhängigkeit und besseren Möglichkeiten zu arbeiten, die ihnen die Betreuung ihres Kindes in einer Krippe oder Kita bietet, und dem mit einer Trennung verbundenen Schmerz. Oft übernimmt der Vater des Kindes die Eingewöhnung und erspart damit der Mutter etwas von dem Durchleben eigener Ambivalenz bei der Trennung von ihrem Kind. Es scheint manchmal so, als sei er an Trennungen bereits besser gewöhnt und könne es auch seinem Kind dadurch leichter ermöglichen, sich vorübergehend von ihm zu trennen und darauf zu vertrauen, dass er wiederkommen wird. Damit eine solche vorübergehende Trennung einigermaßen gut möglich ist, müssen Pädagoginnen und Pädagogen den Trennungsschmerz der Kinder wahrnehmen und anerkennen können. Diese Anerkennung des Leides ist notwendig, bevor zu etwas anderem übergegangen werden kann – ein schnelles »Ablenken« erschwert das Verarbeiten der Trennung. Wieder gehört zu einem feinfühligen Aufnehmen des Trennungsschmerzes eines kleinen Kindes eine Ahnung von eigenen Erfahrungen mit Trennungen in dieser Zeit. Hier können sowohl die Beschäftigung mit Theorien zur kindlichen Entwicklung als auch die Reflexion eigener Erfahrungen als Kind Feinfühligkeit entwickeln helfen.

10.7 Abschiede, Trennungen und Übergänge

Abschiede und Übergänge sind in Kindergärten und Schulen meist mit großen Emotionen, Erwartungen, Vorfreude und Ängsten verbunden. Ein Lebensabschnitt wird hinter sich gelassen, während ein neuer beginnt – zusammen mit einem neuen Gebäude, neuen (fremden) Kindern und Erwachsenen, einem neuen Tagesrhythmus usw. Eine gute Möglichkeit, einen Übergang zu gestalten, sind z. B. Besuche in den späteren Grundschulen: Kinder können schon einen Einblick in ihre spätere Schule bekommen, die Räume kennenlernen, sich vorfreuen und sicherer fühlen.

Anfang und Ende sind in besonderer Weise bedeutsam. Dies gilt für den einzelnen Tag ebenso wie für die gesamte dort verbrachte Zeit – für Kinder vielfach eine kleine Ewigkeit. Kinder werden eingewöhnt. Machen Sie mit der Eingewöhnung glückliche Erfahrungen, werden auch die folgenden Übergänge und Neuanfänge unter einem guten Stern stehen – z. B. der Übergang auf die Schule und später vielleicht auch auf weiterführende Schulen. Kinder werden verabschiedet. Das ist für die Kinder oft mit dem Gefühl des Aufbruchs und dem Glück eines Neuanfangs verbunden. Frühpädagogen und Lehrer bleiben dagegen am alten Ort zurück.

Für Pädagoginnen und Pädagogen ist der Abschied vielleicht sogar schwerer. Sie werden – immer wieder – verlassen. Es fällt oft leichter, sich in Identifikation mit den weggehenden Kindern zu freuen – an dem, was gemeinsam gelebt wurde, und auf das, was die Kinder jetzt allein oder mit anderen Menschen erleben werden – wenn auch Erzieherinnen und Erzieher, Lehrerinnen und Lehrer für sich sorgen: für Zeit und Raum für den Abschied. Wenn sie damit gute Erfahrungen sammeln, können diese leicht und wie selbstverständlich an die nächste Generation der Kinder weitergegeben werden.

Frage
Wie gestalten Sie den Übergang aus dem Kindergarten in die Schule?
Haben Sie ein gutes Abschiedsritual?

11. Beratung von Eltern und Familie

In Untersuchungen zu Bindung, Mentalisierung und Triangulierung wird die Bedeutung der erzieherischen Kompetenz der Eltern betont. Eltern, die selbst unglückliche Erfahrungen in ihrer Kindheit gemacht haben, müssen diese nicht zwangsläufig an ihre eigenen Kinder weitergeben – dann nicht, wenn sie diese Erfahrungen in einer guten Form »verarbeitet« haben, gut »mentalisieren« und »triangulieren« können. Peter Fonagy hat die Fähigkeit von Eltern, ihr Erleben in einer bestimmten Weise reflektieren zu können, als eine zentrale Ressource der Entwicklung von Kindern beschrieben. Eine sichere Bindung unterstützt Kinder dabei, diese Art der Reflexion angstfrei zu lernen. Innerhalb einer sicheren Bindung macht es Spaß, den anderen und sein Denken spielerisch und intensiv zu erkunden. Dieses Sicherheitsgefühl färbt die Umwelt eines Kindes so ein, dass es sich in Beziehung mit Mutter, Vater und Erzieherin aufmerksam betrachten kann. Eine sichere Bindung hilft beim Erwerben der Fähigkeit, über sich selbst in Beziehung zu anderen nachzudenken, zu »mentalisieren«. Diese Fähigkeit ist für die spätere Bewältigung von Konflikten – und für die Beratungsarbeit – von entscheidender Bedeutung.

Pädagoginnen und Pädagogen haben zu den Eltern der von ihnen betreuten Kinder unterschiedlich intensive Beziehungen. Sie können wichtige Ansprechpartner bei Erziehungsproblemen werden und die Auswirkungen familiärer Konflikte miterleben. Oft werden sie zur Erziehung des Kindes oder bei Empfehlungen für eine Psychotherapie nach ihrer Meinung und ihren Erfahrungen gefragt. Angesichts der hohen Bedeutung von Gesprächen mit Eltern werden in diesem Kapitel konkrete Informationen zu möglichen Fragen von Eltern, aber auch Hinweise für Beratungsgespräche gegeben. Ziel ist es, Sicherheit in Gesprächen mit Eltern zu vermitteln und zu einem feinfühligen und wirksamen Eingehen auf Wünsche und Erwartungen von Eltern beizutragen.

Wenn sich Eltern mit Sorgen um die Entwicklung ihres Kindes an eine andere Person wenden, ist dem in der Regel bereits eine längere Zeit des Überlegens vorausgegangen. Das Ausmaß der Sorgen und der erlebten Schwierigkeiten wird dabei meist nicht sofort erwähnt. Eltern vergewissern sich erst, wie eine Beraterin oder ein Berater mit dem umgehen wird, was sie zu erzählen haben. Vor diesem Hintergrund ist es meist nicht hilfreich, rasch zu beruhigen. Eltern erleben eine solche Beruhigung häufig als kurzfristig entlastend. Langfristig führt ein rasches Beschwichtigen von Sorgen aber zu dem Eindruck, nicht wirklich ernstgenommen zu werden. Wiederholen sich solche Erfahrungen, wird oft entmutigt keine Hilfe mehr gesucht. Interessieren Sie sich, wenn Eltern versuchen, etwas von ihren Sorgen zu erzählen! Nutzen Sie diesen Moment – und wissen Sie nicht zu rasch Bescheid, wie das Leiden des Kindes oder der Eltern einzuordnen ist.

Ängste, Sorgen und Auffälligkeiten im Verhalten von Kindern können in der Regel nicht gleich umfassend verstanden werden. Wiederum ist das Interesse am Erleben des Kindes hilfreicher als eine rasche Einordung. Was bedeutet es, wenn ein Kind nicht in den Kindergarten oder die Schule gehen will? Schon das Bemühen um ein Verstehen der aktuellen Situation in Schule oder Familie ist oft für alle Beteiligten entlastend. Statt um die »Schulverweigerung« oder »Schulangst« eines Kindes geht es dann möglicherweise um eine Konfliktsituation in der Klasse, Bullying oder Mobbing an der Schule oder auch um die Sorge eines Kindes, seine depressive Mutter zu Hause allein zu lassen.

In Ein-Eltern-Familien werden besondere Anforderungen an Mutter und Kind bzw. Vater und Kind gestellt. Dies gilt nicht nur in wirtschaftlicher Hinsicht und bei der Teilung von äußeren Belastungen, sondern auch beim Umgehen mit Konflikten und bei der Förderung von Triangulierungsfähigkeit. Hier ist ein wichtiger Dritter nötig, der zu Mutter und Kind eine Beziehung hat. Eine Erzieherin oder Lehrerin kann eine solche Position einnehmen (siehe S. 11). Sie hilft damit der Mutter, ihre eigenen Entscheidungen aus einer zweiten Perspektive zu sehen und freier von eigenen früheren Erlebnissen und aktuellen Sorgen zu handeln.

Triangulierungskompetenz und Mentalisierung bleiben in der Regel störanfällig. In den ersten Monaten der Elternschaft geht sie regelhaft verloren, wenn sich die Eltern weitgehend auf das intensive gemeinsame Erleben mit ihrem kleinen Kind einstellen und vor allem in dieser Beziehung feinfühlig werden (so genannte »Mutterschaftskonstellation«). Auseinandersetzungen in Partnerschaften (das Bindungssystem wird aktiviert und behindert neugieriges Explorieren) gehen oft mit einem Verlust der Fähigkeit einher, die Beziehung auch aus der Sicht des anderen zu sehen. Diese Fähigkeit wird dann mehr oder weniger rasch und vollständig – und wenn es glücklich läuft mit Humor – wieder zurückgewonnen. Ein – mit dem Konzept der »Regression« beschreibbarer Verlust eigentlich vorhandener Fähigkeiten (etwa in einem Streit) ist ein häufiges Phänomen. Manchen Menschen fehlt dagegen die Fähigkeit zum Mentalisieren oder zu triangulierendem Denken weitgehend und dauerhaft. Eine solches Fehlen von Kompetenzen kann als Ergebnis komplexer Entwicklungsstörungen in den ersten Jahren der Kindheit verstanden werden. Therapeuten sprechen dann von einer strukturellen Störung.

Menschen mit einer strukturellen Störung der Triangulierungsfunktion können in Elterngesprächen bei einer Bearbeitung von Konflikten nicht gut von Ratschlägen oder Beschreibungen ihres Verhaltens profitieren. Eltern in einer Situation, in der sie diese Fähigkeit vorübergehend verloren haben, können es auch nicht. Berater müssen dies erkennen und sich darauf einstellen.

Therapeuten und Pädagogen haben es bei der Arbeit mit Kindern und deren Eltern in mancher Hinsicht einfacher als bei der Arbeit mit Erwachsenen. Die Beobachtung realer Interaktionsmuster zwischen Eltern und ihren kleinen Kindern ist plastischer als eine Diagnostik bei Erwachsenen, bei denen sich frühe Erfahrungen aus Interaktionen in implizitem Beziehungswissen und in psychischen Strukturen niedergeschlagen haben. In der Beratung der Familie beobachtet ein Berater direkt das, was sich in der Therapie eines Erwachsenen erst in der Beziehung zu einem emotional wichtigen anderen wieder entwickeln und darstellen muss. Er kann es filmen, über den Film gemeinsam mit den Eltern reflektieren, und so Triangulierungskompetenzen und Mentalisierung fördern.

Und noch an einer anderen Stelle haben es Familienberater und Säuglings-Kleinkind-Eltern-Psychotherapeuten einfacher: Häufig können Interventionen in Familien mit kleinen Kinder auf das Verhalten der Eltern, also die Umwelt des Kindes, einwirken. Die Eltern verändern ihr Verhalten. Ihr Kind reagiert auf diese veränderte Umwelt. Dies ist eine besondere Chance, die zu den Erfolgen früher Hilfen für Familien beiträgt und für Familien, Berater und Psychotherapeuten immer wieder beglückend ist.

Entwicklungspsychologisch begründete Beratungs- und Therapieverfahren bieten Pädagoginnen und Pädagogen Werkzeuge für die Arbeit mit Kindern und für die Beratung von Eltern. Die in Deutschland verbreitete psychoanalytisch-interaktionelle Methode (PIM) und die mentalisierungsbasierte Therapie (MBT) ermöglichen Lern- und Entwicklungsprozesse auch unter schwierigen Bedingungen. Kenntnisse in diesen Methoden sind vor allem dann hilfreich, wenn Menschen Beschreibungen von Situationen oder Deutungen nicht für Verhaltensänderungen nutzen können, weil ihre Fähigkeit zur »Triangulierung« dauerhaft oder vorübergehend (etwa in einer Krise) eingeschränkt ist. Dann wird mit antwortenden Interventionen gezielt auf der dyadischen Ebene an der Entwicklung dieser Fähigkeit gearbeitet und dazu Regression eingeschränkt. Einige Apekte von Beratungsgesprächen werden in den nächsten Abschnitten für die Praxis der Elternarbeit beschrieben.

11.1 Vorgehen in einem ersten Beratungsgespräch

Wenn Sie ein Beratungsgespräch mit einer Mutter oder Familie führen, braucht Ihr Gegenüber Gelegenheiten
- die Begegnung aktiv selbst zu gestalten. Die pointierte Formulierung »Wer fragt, bekommt Antworten, sonst nichts«, weist auf die Gefahr hin, dass Berater durch eine zu starke Strukturierung des Gesprächs wesentliche Informationen nicht erhalten; und die Möglichkeit,
- eine erste Beziehung zu einem professionellen Helfer herzustellen, dem sie mit einem eigenen Anliegen von sich erzählen können (für Elternarbeit wichtig).

Berater können in einer solchen Situation
- Übertragungs- und Gegenübertragungsreaktionen nutzen, um sich in einer komplexen Situation zurechtzufinden und
- die Gestaltung des Kontakts als »szenische Information« zur inneren Welt ihres Gegenübers betrachten.

Notwendige Daten kann ein Berater oder Therapeut am Ende einer ersten Begegnung und in den darauf folgenden Gesprächen erfragen. Die Anerkennung der Aktivität von Patienten (z. B. »Da haben Sie etwas Neues ausprobiert«, »Das kann ich jetzt nach dem, was Sie erzählt haben, gut nachvollziehen«) leitet dabei schon zu einer Bestärkung der Hoffnung auf Änderung über.

Ein erstes Gespräch ist oft bereits durch Erwartungen vor dem ersten Kontakt geprägt. Angst und Hoffnungen in Bezug auf das, was kommen kann, beeinflussen das Verhalten. Angesichts der Bedeutung von Übertragungsauslösern kann es hilfreich sein zu überlegen, an welchem Ort man ein erstes Gespräch führt – ob man z. B. die Familie in ihrem gewohnten Umfeld aufsucht. So entsteht weniger leicht der Eindruck einer »übermächtigen« Person, der man ausgeliefert ist. Die Arbeit beginnt schon vor dem ersten Beratungsgespräch.

Beispiel

In einer kleinen Stadt findet ein Gespräch mit den Eltern anlässlich der Einschulung ihrer Kinder statt. Die Eltern sitzen in den Bankreihen der Kinder auf kleinen Stühlen im zukünftigen Klassenraum. Einige haben als Kinder selbst bei dem sich vorstellenden Lehrer Unterricht gehabt. Sie melden sich nicht selbst zu Wort, sondern zeigen auf, bevor sie den Lehrer ansprechen. Eine Mutter ist aufgeregt und beklagt sich heftig, dass nicht rechtzeitig genug eingeladen worden sei und ihr Mann daher an dem Abend nicht teilnehmen könne.

Ein anwesender Vater ist fasziniert davon, wie sehr sich die Menschen, die er aus anderen Kontexten als forsche Geschäftsleute kennt, in dieser Situation verändern – der alten Klassenraum und ihr Lehrer sind Regressionsauslöser. Eine fruchtbare Arbeit wird dadurch in seiner Wahrnehmung erschwert. Er versteht die Situation so, dass kindliche Ängste und Erwartungen »im Raum stehen« und von der Mutter, die ihren Mann vermisst, auch angesprochen werden.

In kurzen oder ersten Kontakten sind es nicht nur Erzählungen und Fragen, mit denen Eltern ihre Sorgen und Anliegen mitteilen. Auch die Gestaltung der Situation, die *szenische Information* gibt wichtige Hinweise. Sie sagt etwas aus über die Situation, aber auch über die – vielleicht erst in einer Regression deutlich werdenden – Erwartungen der Eltern. Oft bestimmen solche Interaktionen den weiteren Verlauf eines Kontakts, ohne dass sich Beraterinnen oder Berater dieses Einflusses bewusst sind. Es lohnt sich sehr, daran zu denken, dass Erzählungen und Fragen auch etwas über die aktuelle Situation und über die innere Welt eines Erzählers aussagen können. In einem Elterngespräch lohnt es sich zu fragen: »Ist« ein Kind tatsächlich so, wie es von Mutter oder Vater beschrieben wird, oder nehmen diese es in einer bestimmten Weise wahr, die etwas mit ihren eigenen Erfahrungen zu tun hat? Geschwister beschreiben ihre Eltern häufig erstaunlich unterschiedlich – auch dann, wenn sie »objektiv« gemeinsam die gleichen Erfahrungen mit ihnen machen; Ehepartner schildern gemeinsame Erfahrungen miteinander oft als ganz verschiedene Erlebnisse.

Betrachten Sie daher Erzählungen von Eltern und Kindern nicht nur als Quelle von Sachinformationen, sondern auch als einen Zugang zu der inneren Welt eines Kindes, der Mutter oder des Vaters.

11.2 »Inszenierungen« – die innere Welt und ihre Wirkungen auf andere

Beraterinnen und Berater stehen vor einem Konflikt, der nie gelöst und täglich neu bewältigt werden muss: Auf der einen Seite ist es notwendig, die Zuschreibungen aus der inneren Welt eines Kindes oder eines Erwachsenen ein Stück weit anzunehmen, um mit der inneren Welt dieses Menschen in Kontakt zu treten. Eine Pädagogin kann es daher zunächst annehmen, wenn sie von Kindern oder Erwachsenen etwa als »böse« oder als »ungerecht« bezeichnet wird. Sie kann diesen Eindruck bestätigen und dann erkunden, warum das aus der Perspektive der Eltern oder des Kindes zutreffen mag. Eine schnelle Rechtfertigung, Verteidigung oder gar ein »Entlastungsangriff« (»Sie haben zweimal den Termin nicht wahrgenommen. Ich bemühe mich hier um eine Klärung und Sie beschimpfen mich!«) be- oder verhindert die Entwicklung eines hilfreichen Kontakts. Mit der Übertragung von Erfahrungen, in die sie Berater verstricken, nehmen Eltern und Kinder Kontakt zu ihrem Gegenüber und zu abgelehnten Teilen ihrer inneren Welt auf. Es geht daher mit einem Verlust an professioneller Wirksamkeit einher, wenn sich eine Pädagogin nur »unbeeindruckt freundlich« verhält oder in der Rolle einer kühlen objektivierenden Beobachterin bleibt.

Auf der anderen Seite ist es notwendig, diese Verstrickungen zu erkennen und sich immer wieder aus ihnen zu befreien. Eltern bringen einen Teil ihrer Erwartungen und Befürchtungen in der Person der Pädagogin, die sich um ihr Kind kümmert, unter. Pädagogen spüren, dass sie eine solche Rolle übernehmen – oft aber erst im Nachhinein. Sie erkennen ihre Verstrickungen und reagieren anders als in der Übertragung erwartet. Damit leisten sie im Umgang mit Kindern einen Beitrag dazu, langfristig unglückliche Überzeugungen zu entkräften.

Beispiel

»In meiner Kita wurde ich gleich zu Beginn des ersten Tages meines Praktikums von einer Gruppenerzieherin darauf hingewiesen, dass zwei Mädchen der Kindergruppe sehr fixiert auf Praktikanten sind und dann meist nicht mehr richtig ins Spielen finden. Im Laufe des Tages sind die Mädchen zu mir gekommen und bei mir geblieben. Sie haben sich um meine Beine geschlungen, wollten auf meinem Schoß sitzen etc. Ich habe mich teilweise darauf eingelassen, jedoch immer mit dem Hintergedanken im Kopf, sie möglichst in ein sie interessierendes Spiel zu begleiten, um mich nicht verstricken zu lassen oder mich nicht nur noch auf sie zu fixieren. Öfters bin ich dann mal aufgestanden, im Raum herumgelaufen und auf andere Kinder zugegangen, um Schoß-Situationen mit den Mädchen, die ich für eine Zeit zuließ, wieder langsam aufzulösen, ohne sie zu kränken.«

Pädagogen bringen sich mit mit ihrer ganzen Person in ihre Arbeit ein. Sie leben daher mit der Gefahr, Zuschreibungen der Menschen, mit denen sie arbeiten, auch für ihr Leben außerhalb des Berufs wichtig zu nehmen. Dies kann z. B. den Eindruck betreffen, gebraucht zu werden und unverzichtbar zu sein, oder sich darin zeigen, dass Aussagen anderer Menschen auch außerhalb der Schule mit »richtig« oder »falsch« bewertet werden. Wenn andere Lebensbereiche gegenüber der Arbeit so zurücktreten, dass dort nur wenig alternative Erfahrungen gemacht werden, besteht die Gefahr, dass Menschen in helfenden oder pädagogischen Berufen Aspekte dieser Zuschreibungen für sich übernehmen. Es ist dann auch in der professionellen pädagogischen Arbeit nicht mehr selbstverständlich, eine ausreichende Abstinenz zu bewahren und sich immer wieder kritisch zu fragen, was erreichbar ist und was nicht – eine Haltung zielgerichteter Aktivität bei relativer Ohnmacht. Im unglücklichen Fall übernimmt auch die Institution Projektionen der Menschen, für sie da ist. Allmachtsvorstellungen und Entwertungen prägen dann auch den Umgang unter Kollegen und erschweren zusätzlich die Einnahme einer entwicklungsfördernden Haltung. Pädagoginnen und Pädagogen laufen Gefahr, in ihrer Arbeit zu stagnieren, wenn sie sich nicht – z. B. über Fortbildungen – immer wieder um einen Blick »von außen« auf ihre Arbeit mühen. Manchmal wird auch eine Praktikantin gebeten, ihren Blick von außen und ihre kritische Meinung zu äußern.

Wenn dies wenig geschieht, geht der kritische Blick für sich selbst – und manchmal für die Arbeit der ganzen Einrichtung – verloren. Es besteht dann die Gefahr der Selbstüberschätzung und Omnipotenz durch die starke Machtposition gegenüber den Kindern.

Beispiel
»Frau T., eine Erzieherin, verhält sich laut und dominant mit den Kindern ihrer Gruppe und wirkt lustlos bei der Ausübung ihres Berufs. Ihre Kolleginnen erzählen, dass sie an Teamsitzungen und Fortbildungen schon lange nicht mehr teilnähme und nur das Nötigste mit ihrer Gruppe mache. Sie selbst beschreibt einer Kollegin, wie viel Aufwand sie für ihre Arbeit betreibe und wie glücklich die Kinder ihrer Gruppe seien, gerade sie als Erzieherin zu haben. Die Kinder in ihrer Gruppe gehen aber gern auch in andere Gruppen und zu anderen Erzieherinnen. Frau T. hat ein zu Unrecht idealisiertes Bild von sich und ihrer Arbeit entwickelt. Vielleicht hängt dies auch mit ihrer isolierten Position im Team zusammen.«

Die Arbeit mit Kindern ist anstrengend. Für Eltern hört sie nie auf. Es ist daher nicht ungewöhnlich, dass Beraterinnen und Berater von Eltern etwas von der mit dieser Arbeit verbundenen Not hören, oft in einer Form, die starke eigene Gefühle aktiviert. Eltern schildern dann etwa verzweifelt, dass sie ihr schreiendes und nicht zu tröstendes Kind »an die Wand werfen« wollten oder dass sie den Gedanken gehabt hätten, die Wohnung zu verlassen und nicht wiederzukommen. Diese Aussagen machen zunächst einmal das Ausmaß der Belastung deutlich. Die Eltern benötigen Hilfe und Unterstützung; sie sollten darin unterstützt werden, sich Entlastungsmöglichkeiten zu suchen. Gefahren in Überforderungssituationen – etwa die des »Schüttelns« von kleinen Kindern – sind anzusprechen.

Andererseits können Eltern auch dahingehend informiert werden, dass solche Gefühle im Zusammenleben mit kleinen Kindern häufig vorkommen. Wenn sie darüber sprechen, ist dies etwas Entlastendes – und ein Hinweis darauf, dass die Verzweiflung der Eltern sich gerade nicht in einer konkreten, das Kind schädigenden Handlung ausdrücken wird. Bei einer Gefährdung von Kindern und physischen Misshandlungen ist es häufig eher so, dass Eltern keinen reflektierenden Zugang zu ihren Affekten haben und diese nicht oder nur wenig schildern können. Sie sagen etwa, dass sie keinerlei Zorn oder Wut gegenüber ihrem Kind empfinden, selbst dann nicht, wenn dies über lange Zeit schreie und sich nicht trösten lasse. In einer solchen Situation sind Beraterinnen und Berater noch stärker in ihrer Feinfühligkeit gefordert. Sie sollten sich hier nicht »beruhigen« lassen, sondern interessiert und achtsam bleiben.

Dies gilt auch dann, wenn Eltern aus eigener Überlastung heraus in ihrem Feingefühl gegenüber dem Erleben ihres Kindes eingeschränkt sind. Weint zum Beispiel ein kleines Kind beim Wiedersehen mit Mutter oder Vater nach der Krippe oder Kita lange und anhaltend und lässt sich nicht trösten, so ist dies eine Belastung der Eltern. Sie müssen einen Umgang damit finden – und nur selten haben sie die Möglichkeit, den Trennungsschmerz ihres Kindes aufmerksam wahrzunehmen und dann ihre Arbeitssituation anzupassen. Das damit verbundene Gefühl der Ohnmacht führt zu starkem Stress. Und Stress der Eltern sowie soziale Erwartungen und Notwendigkeiten behindern ein feinfühliges Umgehen mit dem Stress des Kindes. Hier stehen Beraterinnen und Berater vor der Aufgabe, sich nicht »auf eine Seite zu schlagen«. Es ist eine Herausforderung, zunächst selbst eine relative Ohnmacht mitzutragen (keine Lösung zu haben) und Spannungen zwischen den einzelnen Bedürfnissen und Positionen zu ertragen, ohne sie gleich auflösen zu können.

11.3 Wenn Beratung nicht ausreicht: Ziele und Risiken von Psychotherapien

Was tun, wenn Eltern nach Therapien fragen? Was sollte man als Pädagoge wissen? Therapien sind so vielgestaltig, dass die Frage nach Indikationen (wo und wem tun sie gut?) und Kontraindikationen (wo und wem schaden sie?) in Hinsicht auf die spezifischen Verfahrensweisen beantwortet werden muss. Viele Aspekte sind in die Überlegungen einzubeziehen. Eine konkrete Empfehlung ist Aufgabe eines niedergelassenen Psychotherapeuten.

Wenn sich Eltern an Pädagogen mit der Frage nach einer Psychotherapie wenden – oder Pädagogen Eltern eine Diagnostik ihres Kindes mit dem Ziel einer Psychotherapie empfehlen – spielen deren Einschätzungen eine wichtige Rolle. Es ist daher hilfreich, wenn Frühpädagoginnen, Lehrerinnen und Erzieherinnen ihre Haltung zu Psychotherapien kennen und reflektieren. Einige Überlegungen, die für die Beratung von Eltern hilfreich sind, werden daher hier zusammenfassend dargestellt.

Psychotherapien bieten die Möglichkeit, neues Verhalten zu lernen. Fast immer spielen Beziehungen – zwischen Eltern und Kind, den Partnern oder zu anderen Menschen – eine wichtige Rolle. Die meisten Therapien streben an, dass Patienten ein besseres Verständnis von sich selbst entwickeln. Dieses Verständnis kann sich auf einen umschriebenen Teilbereich des Lebens beschränken oder das eigene Verhalten und Erleben allgemeiner umfassen. Mit wachsendem Verständnis für eigene Motive, Wünsche, Ängste und Haltungen erwerben Patienten auch ein größeres Maß an Freiheit, das eigene Leben bewusster zu gestalten (Konfliktorientierung), verbesserte Ich-Funktionen (Strukturpathologie) oder Fähigkeiten im Umgang mit traumatischen Erfahrungen. Interpersonelle und innere Konflikte können besser bewältigt werden. Sie lösen keine Symptome mehr aus, oder die mit ihnen verbundenen Symptome werden weniger drängend.

Diese allgemeine und ehrgeizige Kurzbeschreibung der Ziele psychodynamischer Therapien kann vielfach modifiziert werden. Jede der oben beschriebenen Psychologien setzt hier eigene Schwerpunkte – die reale oder sublimierte Verwirklichung eigener Wünsche (Triebtheorie), die gelingende Anpassung an äußere Anforderungen (Ich-Psychologie), die Integration widersprüchlicher Erfahrungen in funktionale Beziehungen zu anderen (Objektbeziehungspsychologie), das Erreichen eines kohärenten Selbstbildes mit einer stabilen Selbstwertregulation (Selbstpsychologie) oder stabile Bindungsmuster zu anderen, verbunden mit der Fähigkeit, über sich selbst in Beziehungen nachdenken zu können (Bindungstheorie).

In der beraterischen Arbeit mit Eltern werden solche Ziele meist konkret als Veränderung unglücklicher und zumindest teilweise nicht bewusster Beziehungsmuster formuliert. Veränderungen können einhergehen mit Einsicht in die situativen und innerpsychischen Faktoren, die eine Erkrankung oder die Störung in der Beziehung zum Kind auslösten oder aufrecht erhielten. Einsicht in innere Muster ist aber keine Voraussetzung für einen Erfolg. Sie ist in der Regel auch nicht das Ziel, mit dem Menschen eine Beratung oder Psychotherapie aufsuchen. Oft ist es in Beratungen und Therapien notwendig, sich auf andere und neue Sichtweisen einzulassen, die nicht der eigenen bürgerlichen Sozialisation entsprechen.

Beispiel

Frau B. kam zu einem Beratungsgespräch, weil ihre Kinder durch häufiges Fehlen in der Schule und körperliche Beschwerden aufgefallen waren. Sie schilderte, dass sie selbst vielfältige Ängste und körperliche Beschwerden habe. Ihre Partnerschaft mit dem Vater der Kinder beschrieb sie als »ganz in Ordnung« und machte zugleich deutlich, dass ihr Mann und sie »nicht miteinander sprechen«. Für die Beraterin war dies ein Widerspruch in sich. Die Mutter sah ihre Partnerschaft als Ressource, die Beraterin aufgrund ihrer Schilderung zunächst als Problem.

Frau B. kam aus einem kleinen Dorf, in dem in den jeweiligen Frauen- und Männergemeinschaften »gesprochen« wurde, weniger in den Familien. Eine Intervention, die die Sicht der Patientin auf ihre Partnerschaft im Sinne einer Ressource aufnahm und eine aktuelle Schwierigkeit bewältigen half, führte zu einer deutlichen Reduktion der Beschwerden in der Familen und zur Verbesserung des Schulbesuchs der Kinder. Frau B. und ihr Mann waren zufrieden, auch ohne dass sich an dem »Nicht-miteinander-Sprechen« etwas geändert hatte. Eine weiterführende Psychotherapie, an die die Beraterin zunächst gedacht hatte, war nicht notwendig.

Eltern können ihre Ziele erreichen, ohne dass sie Einsicht in die eigenen Beziehungsvorstellungen gewinnen – es gibt allerdings Hinweise darauf, dass der Gewinn einer Psychotherapie oder Beratung dann weniger beständig ist. Bei neu auftretenden Konflikten bleiben Patienten ohne eine solche Einsicht stärker auf ihre alten Bewältigungsmöglichkeiten beschränkt und müssen eher erneut Psychotherapie in Anspruch nehmen. Berater können daher auch für die von ihnen vertretenen Ziele werben – für eine Veränderung der Erlebens- und Verhaltensmöglichkeiten, die sich Menschen ohne diese Erfahrungen zu Beginn einer Therapie- oder eines Bildungsprozesses nur schwer vorstellen können. Ein solches Werben kann ängstigen; es ist mit einer Versuchung verknüpft, kann alte Bindungen und Loyalitäten bedrohen und eine Änderung der vertrauten Identität bedeuten. Hier ist nicht nur die Anpassung an die Vorstellungen des Gegenüber notwendig, sondern auch das fachliche Wissen darüber, was in einer Beratung oder einem Bildungsprozess langfristig gewonnen werden kann.

Beispiel
Patienten, die wegen eines zunächst isoliert wahrgenommenen Symptoms (z. B. Schwierigkeiten in der Beziehung zu ihrem Partner, sozialen Ängsten, depressiven Zuständen) eine Psychotherapie beginnen, schildern am Ende einer solchen Behandlung oft, dass weitere Symptome sich mit der Etablierung befriedigenderer Beziehungen ebenfalls zurückgebildet haben (z. B. leichtere Perversionen, Migräne, somatoforme Störungen) – obgleich sie über diese nie in ihrer Therapie gesprochen haben. Ihre Fähigkeiten, innere Konflikte zu bewältigen, haben zugenommen. Sie haben selbstständig diese neue Kompetenz auf andere Bereiche ihres Lebens angewendet.

Therapien sind ein Hilfsangebot. Sie laden Menschen damit nicht nur dazu ein, eigene Kompetenzen zu entwickeln, sondern auch dazu, vorhandene Bewältigungsmöglichkeiten an Therapeuten abzutreten und sich in eine regressive, abhängige Position zu begeben. *Ambulante Psychotherapie* ist oft mit der bleibenden

Erfahrung verbunden, schwierige Situationen selbst und mit professioneller Hilfe bewältigt zu haben. Dann stärkt sie für weitere Konfliktsituationen im Leben. In einer *stationären Psychotherapie* besteht dagegen stärker das Risiko, schwerwiegend »gekränkt« zu werden. Kinder und Jugendliche erleben im Krankenhaus oft in einer regressiven Rolle, die Teil ihrer Identität als »Patient« werden kann (»Ich bin psychisch krank«).

Dies spricht dafür, eine stationäre psychiatrische Therapie bei Kindern und jungen Menschen möglichst zu vermeiden, wenn eine ambulante Therapie möglich ist.

Veränderungen eines Menschen haben Auswirkungen auf die Angehörigen. Sie sind manchmal zunächst »Leidtragende« solcher Veränderungen. Es ist nicht selten, dass mit der Gesundung eines Familienmitglieds ein anderes erkrankt. Familiäre Konflikte können sich vorübergehend verschärfen; die Dinge laufen nicht mehr so wie bisher und noch nicht so, wie sie laufen könnten. Dies ist eine Krisensituation mit einem erhöhten Risiko des Scheiterns auch funktionaler Partnerschaften und Familien. Auch die spontane Entwicklung von Kindern hin zu mehr Autonomie stellt Familien immer wieder vor neue Aufgaben. Eltern und Geschwister müssen sich verändern – oft ist dies mit kleineren oder größeren Krisen verbunden. Wenn ein Familienmitglied eine Psychotherapie macht, bieten die Krisen und Veränderungen innerhalb der Familie für die indirekt Beteiligten zugleich aber auch Chancen. Ein Partner hat bereits einen größeren Teil der Arbeit in einer Therapie geleistet; die Partnerschaft ist in ihrer alten Form instabil geworden und bietet Raum für neue Entwicklungen. In einer solchen Situation reichen oft wenige familientherapeutische Sitzungen oder eine kurze therapeutische Intervention mit dem Partner aus, um auch die anderen Familienmitglieder an dem positiven Erreichten teilhaben zu lassen.

Psychotherapie ist daher für Angehörige nicht nur eine Belastung. Angehörige ziehen – oft nach Krisen und mit kurzer therapeutischer Unterstützung – auch Nutzen aus dem, was ein Familienmitglied in einer Therapie gelernt und an Veränderungen erarbeitet hat.

Zitierte Literatur

Ainsworth, M. (2003): Feinfühligkeit versus Unfeinfühligkeit gegenüber den Mitteilungen des Babies. In: Grossmann, K. E./Grossmann K. (Hg.): Bindung und menschliche Entwicklung, S. 414–421, Klett-Cotta, Stuttgart.
Arbeitskreis OPD (Hg., 1996): Operationalisierte Psychodynamische Diagnostik. Huber, Bern.
Badock, D. (2008): Feinfühligkeit als ein Kompetenzmerkmal von Erzieherinnen, Fachschülerinnen sowie Studierenden im BABEK-Studiengang. Bachelorarbeit an der FHP.
Bateman, A./Fonagy, P. (2004): Psychotherapy for Borderline Personality Disorder. Mentalization based treatment. Oxford: Oxford University Press.
Blaffer-Hrdy, S. (2010): Mütter und andere. BV Berlin Verlag, Berlin.
Bolm, T. (2009): Mentalisierungsbasierte Therapie (MBT) für Borderline-Persönlichkeitsstörungen und chronifizierte Traumafolgen. Köln, Deutscher Ärzteverlag.
Boothe, B./Streeck, U. (2000): Selbstgerechtes Wohlwollen in der Psychoanalyse. Psychotherapie und Sozialwissenschaft 2, 278–291.
Bowlby, J. (1975): Bindung – eine Analyse der Mutter-Kind-Beziehung. Kindler, München.
Crits-Christoph, P./Cooper, A./Luborsky, L. (1988): The accuracy of therapists' interpretations and the outcome of dynamic psychotherapy. J. Consul. Clin. Psychol. 56: 490–495.
Derksen, B./Lohmann, S. (2009): Baby-Lesen. Hippokrates Verlag, Stuttgart.
Dörr, M./Göppel, R./Funder, A. (Hg., 2011): Reifungsprozessse und Entwicklungsaufgaben im Lebenszyklus. Psychosozial Verlag, Gießen.
Dornes, M. (2006): Die Seele des Kindes. Entstehung und Entwicklung. Fischer, Frankfurt a. M.
Early, D. u. a. (2007): Teachers' Education, Classroom Quality and Young Children Academic Skills: Results for Seven Studies of Preschool Programms. Child Development 78, 558–580.
Erikson, E. H. (1988): Identität und Lebenszyklus, Suhrkamp, Frankfurt a. M.
Fonagy, P./Gergely, G./Jurist, E. L./Target, M. (2002, dt. 2004). Affektregulierung, Mentalisierung und die Entwicklung des Selbst. Klett-Cotta, Stuttgart.
Fonagy, P./Target, M. (2003, dt. 2006): Psychoanalyse und die Psychopathologie der Entwicklung. Klett-Cotta, Stuttgart.
Fraiberg, S./Adelson, E./Shapiro, V. (1975): Ghosts in the Nursery: A psychoanalytic approach to the problems of impaired infant- mother relationships. Journal of the American Academy of Child Psychiatry 14, 1387–1422.
Freud, A (1935, 2011): Psychoanalyse für Pädagogen. Huber, Wien.
Freud, S./Breuer, J. (1895): Studien über Hysterie. G.W. I, S. 447–465.
Fröhlich-Gildhoff, K. (2013): Angewandte Entwicklungspsychologie der Kindheit. Begleiten, Unterstützen und Fördern in Familie, Kita und Grundschule. Kohlhammer, Stuttgart.
Gödde, G./Zirfras, J. (Hg., 2011): Takt und Taktlosigikeit. Über Ordnung und Unordnung in Kunst, Kultur und Therapie. Transkript Verlag, Bielefeld.
Grande, T. (2007): Wie stellen sich Konflikt und Struktur in Beziehungen dar? Zeitschrift für Psychosomatische Medizin und Psychotherapie 53, 144–162.

Grossmann, K. E./Grossmann, K. (Hg., 2003): Bindung und menschliche Entwicklung. Klett-Cotta, Stuttgart.
Grossmann, K./Grossmann, K. E. (2004, 2012): Bindungen. Das Gefüge psychischer Sicherheit. Klett-Cotta, Stuttgart.
Hildebrandt, F./Preissing, Ch. (2012): Kindern respektvoll begegnen – gemeinsam nachdenken. Wie anregende Interaktion gelingt. In: Welt des Kindes, 90, 14–17.
Hédervári-Heller, E. (2011): Emotionen und Bindung bei Kleinkindern. Beltz, Weinheim.
Heigl-Evers, A./Heigl, F. (1994): Das Göttinger Modell der Anwendung der Psychoanalyse in Gruppen unter besonderer Berücksichtigung der psychoanalytisch-interaktionellen Methode. Gruppenpsychotherapie und Gruppendynamik 30, 1–29.
Juul, J. (2011): Elterncoaching. Gelassen erziehen. Beltz, Weinheim.
Kernberg, P. F./Ware, L. M. (1975): Understanding child development through group techniques and play. Bull. Menn. Clin. 39, 409–419.
Kernberg, O. (1978): Borderline-Störungen und pathologischer Narzissmus. Suhrkamp, Frankfurt a. M.
König, K. (1996): Abwehrmechanismen. Vandenhoeck & Ruprecht, Göttingen.
Kohut, H. (1971, dt. 1976): Narzissmus. Eine Theorie der psychoanalytischen Behandlung narzisstischer Persönlichkeitsstörungen. Suhrkamp, Frankfurt a. M.
Luborsky, L. (1984, dt. 1988): Einführung in die analytische Psychotherapie. Vandenhoeck & Ruprecht, Göttingen.
McClelland, D. C./Koestner, R./Weinberger, J. (1989) How do self-attributed and implicit motives differ? Psychol. Rev. 96, 690–702.
Mertens (2011, 2013): Psychoanalytische Schulen im Gespräch, Bd. 1 und Bd. 2. Huber, Bern.
Oerter, R./Montada, L. (6. Aufl. 2008), Entwicklungspsychologie. Beltz, Weinheim.
Pine, F. (1988, dt. 1990): Die vier Psychologien der Psychoanalyse und ihre Bedeutung für die Praxis. Forum Psychoanalyse 6, 232–249.
Müller-Pozzi, H. (1995): Psychoanalytisches Denken. Huber, Bern.
Rodrigues, S. M./Saslow, L. R./Garcia, N./John, O. P./Keltner, D. (2009). An oxytocin receptor genetic variation relates to empathy and stress reactivity in humans. Proceedings of the National Academy of Sciences 106, 21437–21441.
Sarrar, L./Staats, H. (2012): Förderung von Feinfühligkeit. Erste Erfahrungen mit Paulina-Kernberg-Seminaren – einer regressiven Gruppenselbsterfahrung für Pädagogen und Therapeuten. Gruppenpsychother. Gruppendynamik 48, 215–230.
Schauenburg, H./Dinger, U./Brenk, K./Buchheim, A./Strack, M. (2005): Der Einfluss des Bindungsstils von Psychotherapeuten auf das Behandlungsergebnis in stationärer Psychotherapie – Erste Ergebnisse der Göttinger Therapeutenstudie. Arbeitstagung des Deutschen Kollegiums Psychosomatische Medizin, DKPM. Dresden, März 2005, Psychother Psychosom Med Psychol 55, 111.
Schauenburg H./Buchheim A./Beckh, K./Nolte, T./Brenk-Franz, K./Leichsenring, F./Strack, M./Dinger, U. (2010): The influence of psychodynamically oriented therapists' attachment representations on outcome and alliance in inpatient psychotherapy. Psychotherapy Research 20, 193–202.
Scheerer, A.K. (2006): Vortrag anlässlich der Antrittsvorlesung von Prof. Dr. Hermann Staats am 13.10.2006 in Potsdam.
Schultz-Venrath, U. (2013): Mentalisieren. Klett-Cotta, Stuttgart.
Seiffge-Krenke, I. (2008): Psychotherapie und Entwicklungspsychologie. Springer, Heidelberg.
Spitzer, M. (2002): Lernen. Gehirnforschung und die Schule des Lebens. Spektrum, Heidelberg.
Staats, H. (2004): Das zentrale Thema der Stunde. Die Bestimmung von Beziehungserwartungen und Übertragungsmustern in Einzel- und Gruppentherapien. Göttingen, Vandenhoeck & Ruprecht.
Staats, H. (2009): »Von kleinen Kindern lernen«. In: Triangel Verlag (Hg.), Beratung im Wandel, Ulrich Leutner Verlag, Berlin, 178–195.
Staats, H./Bolm, Th./Dally, A. (2013): Variabilität mit Konzept – Gruppenanalyse und Gruppenpsychotherapie im Göttinger Modell. Gruppenpsychotherapie und Gruppendynamik 49, 172–185.

Streeck, U./Leichsenring, F. (2009): Handbuch psychoanalytisch-interaktionelle Therapie. Vandenhoeck & Ruprecht, Göttingen.

Tyson, P./Tyson, R. (4. Aufl. 2012): Lehrbuch der psychoanalytischen Entwicklungspsychologie. Kohlhammer, Stuttgart.

Weiss, J./Sampson, H./The Mount Zion Psychotherapy Research Group (Hg.) (1986): The Psychoanalytic Process. New York/London.

Winnicott D. (1974): Reifungsprozesse und fördernde Umwelt. Kindler, München.

Yalom, I. D. (1998): Die Rote Couch. Goldmann, München.

Zimbardo, P. G./Gerrig, R. J. (7. Aufl. 1999): Psychologie, Springer, Berlin.

Zifras, J. (2011): Pädagogischer Takt. Zehn Thesen. In Gödde, G./Zirfras, J. (Hg.): Takt und Taktlosigkeit. Über Ordnung und Unordnung in Kunst, Kultur und Therapie. Transkript, Bielefeld, S. 165–188.

Register

A
Abstinenz 130 f., 144
Abwehr 62, 67, 82 ff., 90 f., 93 f.
Akzeptanz 120, 127
Als-ob-Modus 59, 128
Anerkennen 47, 127
Antworten 127 ff., 142
Äquivalenzmodus 59, 129
Assoziieren 16, 96
Aufmerksamkeit 16, 33, 40, 42, 49, 63, 81, 86, 93 f., 103, 105, 120, 130, 132

B
Balintgruppen 119
Belastungen 60, 67, 73, 83, 129, 133, 140
Bewusstsein 19 f., 84
Beziehung 10 ff., 17, 22, 25, 27, 30, 45 ff., 52, 54, 58, 60, 63, 68, 70 f., 79, 81, 88, 91 ff., 96 ff., 102, 106 f., 115 f., 119, 121 ff., 127 f., 130 f., 133, 139 ff., 147, 38
Beziehungen 11 ff., 15, 19, 25 f., 32 ff., 36, 45 f., 51 ff., 58 ff., 65, 68 ff., 72, 77 f., 81, 84, 88 ff., 95 ff., 103, 107, 109, 115 f., 119, 122 ff., 127, 131, 133, 139, 147, 38
Beziehungsmuster 23, 45, 49, 61, 63, 68, 79, 97, 99, 104, 147
Bindungsmuster 72 f., 81, 147
Bindungsstörung 77
Bindungstheorie 10 f., 15, 63, 71 ff., 78, 81, 147

D
desorganisiertes Bindungsverhalten 77
direkte Suggestion 118

E
Ein-Eltern-Familien 11, 140
Einfühlungsvermögen 10, 14
Eingewöhnung 30, 71 f., 74, 78, 101, 134 ff.
Empathie 11, 42, 64, 67 f., 70, 91, 127
Entscheidungen 20, 37, 95, 132
Entwicklungsphasen 44 f., 57, 64, 66, 96

erbgenetischer Faktor 50
Erzählungen 16, 22, 33, 40, 50, 53 ff., 95 f., 100, 106, 122, 143
Es 26

F
Fehlleistungen 21
Feinfühligkeit 9 ff., 27, 30, 61, 63, 69, 80, 118, 120, 125, 136, 146
mütterliche 10, 63
Freiheit 27, 31, 52, 147
frühe Hilfen 141
funktionalisierende Modus 60

G
Gefühle 9, 11, 23 f., 58 f., 68, 73 f., 80, 84, 89 ff., 96, 102, 105, 109, 113, 118, 123 ff., 130, 132, 135, 145
Gegenübertragung 102, 127, 132 f.
Geheimnisse 84
Gehirn 9, 20, 41, 49 ff., 58, 80
Gesundheit 66, 83
Grenzen 20, 30, 33, 47, 54, 61 ff., 69, 125 ff., 131
Groll 124 f.

H
Haltung 14, 17, 25, 29, 35, 51 f., 54 f., 59, 67, 81 f., 93, 110, 112, 115, 117 f., 120 f., 124 ff., 129, 131, 133, 135, 144 ff.

I
Ich 25 ff., 79, 96
Ich-Funktionen 26 f., 33 f., 45, 67 f., 111, 123 f., 127, 132, 147
Ich-Psychologie 15, 62, 68, 147
Ich-Struktur 33 f.
Identifizierung 88 f.
projektive 68, 90
Identifizierung mit dem Angreifer 89
Introjektion 27, 88
Isolierung 44, 88
Isolierung vom Affekt 88

K
Kausalität 16, 93, 96
Kompetenzen 11 ff., 35, 41 f., 44 f., 61, 67 f., 70, 109, 115, 124, 141, 148
Konflikt 14 f., 25 ff., 29 ff., 39 ff., 50, 57, 61 f., 65 f., 75, 78, 84, 90 ff., 94, 96, 111, 129 ff., 133 f., 139, 143, 147, 38
konstruktivistisch 53
Krankheitsgewinn
    primärer 16
    sekundärer 16

L
Lernen 12, 20, 26 f., 45, 50 ff., 58, 67, 73, 79 f., 93, 107, 109, 116 f., 119
Lust 66, 105, 112, 125

M
Markieren 60
mentalisieren 11 f., 14, 27, 128, 139
Modell
    bindungstheoretisches 63, 78
    Ich-psychologisches 67
    objektbeziehungstheoretisches 62, 68
    selbstpsychologisches 63
    triebtheoretisches 62, 64
Mutterschaftskonstellation 10, 140

N
Neid 86, 124
Neugier 84, 92 f., 102, 117, 120
Neutralität 119, 130 ff.

O
Objektkonstanz 121
Oxytocin 9 f., 14

P
Persönlichkeitsstruktur 34
Präsenz 88, 120 f., 124, 127, 130
Projektion 34, 90

R
Rache 80, 124
Rationalisierung 21, 33, 92
Reaktionsbildung 85
Realität
    äußere 22, 30
    innere 21, 32
Regression 35, 52 f., 79 f., 82, 91, 97, 109 ff., 113, 128, 140 f., 143

S
Scham 30, 44, 125
Selbstbild 40, 89
selbstpsychologische Konzepte 69
sicheres Bindungsverhalten 74
Sinn 14, 21, 32, 51 ff., 58, 67, 83, 121, 123, 127
Somatisierung 92
soziales Lächeln 59
Spiegelneurone 51
Spiel 15, 52, 58 ff., 66, 73 ff., 78 ff., 91, 98, 105, 109, 113, 116, 144
Struktur 29, 33 ff., 40 f., 44, 47, 50, 75, 106, 38
Sublimierung 66, 92
Sündenbock 24
Supervision 24 f., 55, 110, 119, 133 f.

T
Trennungsschmerz 75, 88, 124 f., 136
Triangulierung 11 f., 27, 46, 60, 65, 139, 141
Trotz 42 f., 65, 99, 129

U
Übergangsobjekt 121
Über-Ich 89, 26 f., 65, 88, 96, 132
Übertragung 15 f., 96, 98 ff., 105 f., 119, 133, 144
Übertragungsauslöser 100, 142
Unbewusst 16, 19 ff., 29
Ungerechtigkeit 16, 103
unsicher-ambivalentes Bindungsverhalten 75 f.
Unterstützung 13 f., 73, 87 f., 100, 104, 134, 145, 149

V
Verdrängung 33, 84
Verleugnung 85
Verschiebung 86

W
Watch, Wait and Wonder 120
Wendung gegen die eigene Person 89
Widerstand 16, 83, 93, 98
Wiederannäherungskrise 46
Wunsch nach Aufmerksamkeit 42

Z
zentrales Beziehungskonfliktthema 96

Eine Chance für die Kinder – eine Herausforderung für ErzieherInnen

Ferdinand Klein, Armin Krenz
Bildung durch Bindung
Frühpädagogik: inklusiv und beziehungsorientiert
2. Aufl. 2013, 222 Seiten mit 2 Abb. und 1 Tab., kartoniert
ISBN 978-3-525-70136-2
Vandenhoeck & Ruprecht

Alle Kinderseelen – ob mit oder ohne körperliche, geistige bzw. seelische Beeinträchtigungen – brauchen Zeit und Raum, um sich zu entfalten und nicht zu zerbrechen. Diese einfache Regel wird heute oftmals vernachlässigt: Der Leistungsdruck wächst und viele Kitas verwandeln sich in output-zentrierte Förderstätten. Dabei bringt nur einfühlsame pädagogische Begleitung und Führung Kinder auf den Weg zu beziehungsfähigen, lern-, arbeits- und leistungsfähigen Menschen.

Praxisbezogen zeigen Armin Krenz und Ferdinand Klein, wie bindungsorientierte und inklusive Pädagogik gelingen kann. Internationale wie nationale Praxisbeispiele werden dabei ebenso thematisiert wie die Beziehungsebene zwischen der Fachkraft und der Familie.

Vandenhoeck & Ruprecht • D-37070 Göttingen
Tel. +49 (0) 551/5084-0 • Fax -477
E-Mail info@v-r.de • www.v-r.de

Inklusive Lernkultur im Schulalltag

André Frank Zimpel
Einander helfen
Der Weg zur inklusiven Lernkultur
2. Aufl. 2014, 204 Seiten mit 27 Abb. kartoniert
ISBN 978-3-525-70143-0
Vandenhoeck & Ruprecht

Wie stärkt man möglichst alle Lernenden im gemeinsamen Unterricht? Wie pluralisiert man die Lernwege so, dass niemand auf der Strecke bleibt? Wie vermeidet man bei möglichst allen Lernenden schwächende Frustrationserlebnisse, die als Aversionen die weitere Lernbiografie beeinträchtigen könnten?

Diesen Fragen geht das Buch nach und klärt sie in drei Schritten. Die Teilfragen lauten:

• Welche Faktoren stärken und welche Faktoren schwächen das Lernen nach dem aktuellen Stand der Hirnforschung?

• Welche Bedeutung haben die typisch menschlichen Fähigkeiten, Hilfe anzunehmen und zu helfen, für die geistige Entwicklung von Kindern?

• Wie kann gemeinsames Lernen in (integrativen / inklusiven) Schulen so gelingen, dass alle davon profitieren?

Vandenhoeck & Ruprecht • D-37070 Göttingen
Tel. +49 (0) 551/5084-0 • Fax -477
E-Mail info@v-r.de • www.v-r.de